KB248616

공동자원론,
생태헌법을 제안한다

진인진

공동자원론, 생태헌법을 제안한다

초판 1쇄 발행 | 2017년 6월 16일

지은이 | 홍성태, 최현, 박태현
편   집 | 배원일
발행인 | 김영진
발행처 | 진인진
등   록 | 제25100-2005-000003호
주   소 | 경기도 과천시 별양상가 1로 18 614호(별양동 과천오피스텔)
전   화 | 02-507-3077~8
팩   스 | 02-507-3079
홈페이지 | http://www.zininzin.co.kr
이메일 | pub@zininzin.co.kr

ⓒ 진인진 2017
ISBN 978-89-6347-342-0 93300

이 책은 2014년도 정부(교육부)의 재원으로 한국연구재단의 지원을 받아 수행된 연구임(NRF-2014-S1A3A2044381).

목차

머리말

이 세상의 모든 법은 싸워서 그 결실로 이룬 것이다. … 법은 단순한 사상
이 아니고 살아 숨쉬는 힘이다. 그렇기 때문에 정의의 여신은 한 손에는
권리를 가늠하는 저울대를 들고, 다른 손에는 권리를 지키려는 칼을 들
고 있는 것이다(루돌프 폰 예링(Rudolf von Jhering, 1872), 정동호·신
영호 역(2015), 『권리를 위한 투쟁』, 세창출판사, 29쪽).

이 책은 '공동자원론'의 관점에서 생태헌법을 제안하는 것이다. 독립
적인 글들을 수정해서 모은 것이라 문체의 차이나 내용의 중복을 피
할 수 없었지만 필자들의 관점과 목표는 같다. '공동자원론'은 지역
의 공동체가 여러 자연 자원이나 인공 자원을 공유하는 방식으로 자
연과 공동체를 지켜서 지구의 지속성을 유지할 수 있다는 이론이다.
이 이론은 2009년에 노벨 경제학상을 수상한 미국의 행정학자이자
경제학자였던 일리노어 오스트롬에 의해 크게 발전된 것이지만 그
뿌리는 세계 각지의 수많은 공동체들에 두고 있는 것으로 대단히 넓
고 깊은 것이다.

우리는 오늘날 인류의 절멸 위기를 포함하고 있는 '생태위기'의 시대를 살아가고 있다. 우리는 진정 절박한 눈으로 이 위기를 바라봐야 한다. 유엔은 이미 1992년부터 이에 대한 세계 공동의 대응을 촉구했지만 세계는 계속 개발과 성장의 경쟁에 휘말려 생태위기에 제대로 대처하지 못했다. 그 결과 유엔의 기후변화 패널은 이대로는 21세기 중에 인류가 멸종하고 지구가 죽음의 별이 될 수 있다는 참으로 무서운 과학적 예측을 제시했다. 우리는 더 이상 이대로는 살 수 없다. 이를 위해 우리는 생태위기에 대한 대응이 개헌의 핵심으로 추구되어야 한다고 제안한다.

돌이켜 보면, 개헌은 지난 2005-2006년에 처음 본격적으로 논의되기 시작했고, 이어서 2016년 말과 2017년 초의 박근혜-최순실 게이트 또는 이명박-박근혜-새누리 비리 정권 게이트의 전말이 드러나고 다시금 본격적으로 논의되게 되었다. 문재인 대통령은 2017년 5월 19일 공약했던 대로 2018년 6월의 '지방선거' 때 개헌을 다시금 약속했다. 다시 돌이켜 보면, 2005년에 환경운동연합은 '생명과 헌법의 눈으로 헌법 다시 보기'의 기획을 진행했고, 206년에 생태지평은 '헌법에서 환경권 논의 어떻게 할 것인가?'라는 주제의 포럼을 열었다. 그리고 2017년 3월 24일에 환경운동연합은 '헌법, 환경을 어떻게 담을 것인가?'의 토론회를 열면서 자연을 적극 고려한 개헌을 촉구하고 나섰다.

그러나 이런 노력이 여전히 널리 알려져 있지는 않은 상태이다. '헌정주의'가 잘 보여주듯이 헌법에 국가의 원칙을 최대한 충분히, 정확히 담는 것은 대단히 중요하다. 이런 점에서 생태위기에 대한 대응이 헌법에 담겨야 하는 것은 참으로 지당한 요청이다. 사실『환경헌법』이라는 법학 연구서가 출간된 것도 벌써 2005년 2월의 일이다. 이런 기존의 연구와 활동의 성과 위에서 이 책은 생태민주 헌정주의를 염두에 두고 생태복지국가를 궁극적인 국가 개혁의 목표로 제시하면서 '공동자원'과 '마을'의 가치를 강조하고 있다. 생태민주와 생태복지의 관점에서 '공동자원'과 '마을'도 헌법에 담아야 할 중요한 가치인 것이다.

최현이 쓴 제1장은 헌법에 관한 일반적 논의로서 헌법의 중요성을 설명하고 있다. 홍성태가 쓴 제2장은 2005-2006년의 개헌 논의를 기초로 현재의 개헌 논의를 '민주화의 민주화'로 정리하면서 그를 통한 국가 개혁의 목표로서 생태복지국가를 제시하고 있다. 박태현이 쓴 제3장은 '생태헌법'의 내용을 주요 조문의 수정안을 통해 설명하고 있다. 여기서 우리는 '생태헌법'의 가치와 과제를 구체적으로 유추해 볼 수 있다. 홍성태가 쓴 제4장은 '공동자원론'의 관점에서 '생태헌법'의 주요 내용을 제시하고, 그에 따른 주요 법률들의 제개정 과제를 제시한 것이다. 헌법의 개정은 법률의 개정으로 직결되고, 이로써 나라의 성격과 운영을 크게 바꾸게 된다.

우리는 이 책을 통해 세상에 세 가지 과제를 던지고 함께 풀고자 애쓰려 한다. 첫째, 헌법에 생태위기에 대한 대응을 올바로 담도록 하는 것이다. 둘째, 헌법의 개정에 의거해서 관련 법률들이 올바로 제개정되어 생태복지국가를 향한 전환이 추진되도록 하는 것이다. 셋째, 마을을 사회적 기반으로 하는 지역의 생태적 노력이 보호되고 촉진되어 생태복지국가의 지역적 기반이 안정되는 것이다. 물론 이 과제들은 모두 민주화의 심화를 전제로 한다. 강제적 공권력과 자발적 공동체가 민주적으로 결합되어 민주화의 심화를 이루어야 생태

적 전환은 비로소 실현될 수 있을 것이다. 개헌은 반드시 이런 과정
으로 추진되어야 한다.

2017년 5월 25일
치악산을 바라보는 상지대학교의 연구실에서

필자들의 뜻을 모아 홍성태 씀

01

국가와 헌법: 민주주의와 공화주의, 인권

최현(제주대학교 사회학과)

이 장에서는 국가권력과 정치권력의 작동이 헌법 등 법체계와 어떠한 관련을 맺는지를 살펴볼 것이다. 특히 권위주의와 민주주의, 그리고 공화주의 등 정치체제와 정치이념이 국가권력과 정치권력의 작동에 어떤 변화를 가져오는가를 파악한다. 또한 헌법과 인권의 관계에 대한 독자들의 이해를 도울 것이다.

Ⅰ. 헌법이란 무엇인가?

헌법은 국가의 조직과 구성에 관한 기본법을 말한다(성낙인 2012; 오승철 2011). 그런데 현대 민주주의 국가는 이념적으로 "사회계약"

에 의해 시민들의 권리를 보장하는 조직이다. 따라서 현대 국가의 헌법은 쉽게 말해 국가와 시민, 시민과 시민 사이의 권리와 의무 관계를 규정하는 계약서라고 할 수 있다.

1. 헌법의 구성

우리나라의 헌법은 전문, 본문 130조(제1장-제10장), 부칙 6조로 구성되어 있다. 근대적 헌법은 대개 어떤 조건에서 시민들의 기본 계약인 헌법이 유효한가를 분명히 한다. 다시 말해 근대 헌법은 국가가 어떤 조건에서 정당성을 가지는지를 분명히 함으로써 시민들이 어떤 조건에서 부당한 국가에 저항할 수 있는가를 설명한다. 곧 국가가 가지는 정당성 또는 합법성의 근거를 제시한다. 예를 들어 우리나라 헌법의 전문은 우리나라 헌법의 유래와 국민이 주권을 가진다는 점을 천명한다. 또한 전문에서 헌법은 대한민국이 민주주의, 평화, 인권, 세계평화라는 가치를 지향한다는 점을 밝히고 있다. 이것은 그러한 가치를 수호하기 위해 사용되는 권력만이 정당성(또는 합법성legitimacy)을 가진다는 것을 분명히 한 것이다. 또한 우리나라 헌법은 1장 총강에서 국가가 이러한 가치를 지향하기 위해서 갖춰야 할 기초적 특성과 구조들을 밝히고 있다. 총강을 통해 대한민국을 민주공화국으로 정의하고 있으며, 국민주권론에 따른 국가 운영과 자유민주적 기본질서를 대한민국의 기본적 질서로 승인하고 있다. 또한 다원주의적 정당제도를 국가의 기본요소로 가진다는 내용을 담고 있다(성낙인 2012; 오승철 2011).

이어 우리나라 헌법은 2장에서 시민들의 권리와 의무의 내용을 규정하고 있다. 이것은 국가가 지향하는 정의와 인권이라는 가치를

  공동자원론, 생태헌법을 제안한다

구체적으로 제시하는 것인데, 이를 통해 시민은 국가에게 어떤 요구를 할 수 있는지, 국가는 시민에게 어떤 요구를 할 수 있는지, 그리고 시민은 서로에게 어떤 요구와 책임을 지는지가 구체화된다. 마지막으로 헌법은 국가의 기본적 구성과 그 운영 방식을 제시함으로써 시민들이 원하는 경우 어떤 국가 기구에 어떤 방식으로 참여할 수 있는지를 파악할 수 있게 한다. 결국 헌법은 시민이 국가라는 정치공동체에서 가지는 시민권의 내용을 포괄적으로 제시한다(성낙인 2012; 오승철 2011).

다른 모든 계약 관계에서와 마찬가지로 계약 당사자들인 시민이 헌법의 모든 내용을 평상시에 기억할 수는 없다. 하지만 국가와 시민, 또는 계약 당사자인 시민과 시민 사이에 권리와 의무를 둘러싸고 다툼이 일어날 때 다툼을 종결시키는 판단의 기준은 헌법이다. 따라서 계약 당사자인 국가(또는 그것을 대리하는 공무원)와 시민은 자신의 권리와 의무를 주장할 때 헌법의 기본적 내용을 숙지하고 있어야 한다. 이것은 단순히 헌법의 내용을 암기하는 것이 아니라 헌법이 지향하는 가치, 그리고 그러한 가치들의 우선순위, 그리고 그러한 우선순위를 정하는 이유와 원리를 이해하는 것이다. 이렇게 헌법이 지향하는 가치와 그 가치들, 그리고 그것들의 우선순위를 정하는 원리를 이해하고 그에 근거해서 자신의 권리를 요구할 때 시민들은 목적을 달성할 수 있다. 뿐만 아니라 시민들은 그러한 상황에서만 다른 시민과 국가에 대한 자신의 의무를 기꺼이 수용할 수 있을 것이다(오승철 2011).

헌법은 이어 3장에서부터 9장까지 89조에 걸쳐 구체적으로 국가의 정치적·경제적 구조를 설명한다. 국가의 구조를 이해함으로써 시민은 정부의 운영 원리와 방식을 파악하고 정부의 운영에 개입할 수 있는 능력을 가질 수 있다. 그런데 헌법이 제시하고 있는 국가의 정치적·경제적 구조는 인류가 민주적인 정치 공동체를 운영하고 발전시키는 가운데 쌓아온 역사적 경험의 정수를 나름대로 반영하고 있다. 예를 들어 국가 구조에 중요한 영향을 미치는 3권 분립의 원리는 어떤 추상적·절대적 원리로부터 도출된 것이 아니다. 그것은 인류가 국가를 민주적으로 운영하기 위해 노력하는 가운데 시행착오를 통해 터득한 경험적 지혜로 기본권 보장을 위해 활용된다. 로크는 권력의 상호견제를 위해 행정부와 입법부의 2권 분립이 필요하다고 주장했는데, 이후 몽테스키외가 인민의 정치적 자유를 보호하기 위해서는 더욱 강력한 견제가 필요하다고 보고 사법부를 행정부로부터 독립시켜 3권 분립을 주장했다. 이러한 주장을 받아들여 많은 나라의 헌법이 3권 분립의 원리를 수용했으며, 우리나라 헌법도 권력의 견제와 균형을 통해 민주주의와 인권을 보호하기 위해 3권 분립의 원리를 채택하고 있다(오승철 2011).

3권 분립의 원리는 추상적인 원리에 그치는 것이 아니라 국가뿐만 아니라 자치단체 등 정치공동체를 운영하는 과정에서 나타나는 구체적인 문제와 직접적으로 연관되어 있다. 예를 들어 우리나라 헌법은 감사원을 행정부 산하에 두고 있는데, 이것은 3권 분립의 원리에서 벗어나 있는 것이다. 실제로 미국이나 영국은 3권 분립의 원리에 따라 행정부 감시와 견제의 기능을 갖는 입법부 산하에 감사원을 두고 있다. 그리고 3권 분리의 원리에서 벗어나 감사원을 대통령 직속기관으로 만듦으로써 우리나라에서는 감사원이 제대로 기능하지 못하는 문제들이 나타나고 있다. 예를 들어 이명박 정부 하에서 감사원은 이명박 정부가 4대강 사업을 어떤 문제도 없이 잘 수행하고 있다는 감사결과를 발표했다. 하지만 이명박 대통령의 임기가 끝난 후인 2013년 7월 이명박 정부가 국민을 속이고 4대강 사업이라는 이름으로 대운하 사업을 했으며, 시공업체 선정이나 공사 진행이 모두 총체적으로 부실했다는 감사 결과를 내놓았다. 이에 따라 감사원의 독립성과 기능에 대한 불신이 커졌다(권민석 2013).

그 결과 3권 분립의 원리에 따라 감사원을 입법부 산하의 기관으로 바꾸기 위해 헌법을 고치자는 요구가 터져 나오고 있다. 헌법이 채택하고 있거나 채택해야 할 정부 구성 원리는 헌법 자체를 비판하고 수정하는 근거도 제공한다. 또한 때에 따라서는 원리 자제에 대해 비판하고 수정할 수 있는 가능성도 제공한다. 곧 국민의 권리를 보호하기 위해서 국가 권력 사이에 견제와 균형이 필요하다는 3권 분립의 원리 배후의 상위 원리에 따라 우리는 필요하다면 헌법에 4권 분립이나 5권 분립 원리를 도입할 수도 있는 것이다. 국가와 기업에 대한 견제를 위해 언론을 제 4부로 독립시켜 4권 분립을 채택하거나 언론과 시민 조직이 독립적으로 활동할 수 있도록 만들어 5권 분립을 채택하는 것을 고려할 수 있다.

이처럼 국가가 어떤 원리에 따라 어떻게 구성되어 있는가를 이해하는 것은 시민들이 자신의 삶과 국가의 운영에 관련된 중요한 문제를 비판적으로 검토할 수 있는 능력을 갖기 위해 반드시 필요하다.[1] 헌법이 보호하는 가치와 그 가치 사이의 관계에 대해 올바로 이해하는 시민은 단순히 현행 헌법과 법질서에 복종만 하지 않는다. 그

---

1 성낙인(2012: 10)이 지적하듯이 헌법은 하나의 통일된 가치체계다.

는 법이나 제도, 헌법 그 자체를 비판적으로 평가하고 필요할 경우 잘못된 법과 제도를 바로잡기 위해 정치적으로 실천한다. 헌법과 헌법의 정신은 시민들이 실천할 필요와 함께 실천할 방법을 알 수 있도록 한다. 우리 정치공동체인 국가가 지향하는 가치, 인권의 내용, 정부 조직의 기본 원리들을 이해하고 기존의 법과 관행을 비판하고 고칠 수 있는 능력은 시민의 기본적 자격 요소다. 그리고 헌법에 대해 충분히 이해하지 못한다면 이러한 능력을 갖추기 어렵다(최현 2010).

2. 헌법의 원리

우리나라 헌법은 어떤 가치를 지향하며 어떤 원리들을 수용하고 있을까? 우리나라 헌법이 지향하는 다양한 가치와 원리를 이야기할 수 있지만, 가장 근본적인 원리들을 든다면, 민주주의, 공화주의, 법치주의, 평화통일지향, 인권보장, 국제평화주의를 꼽을 수 있을 것이다. 여기서는 이러한 원리들을 간략하게 다루고 그 중 민주주의와 공화주의, 인권은 따로 상세히 다룰 것이다.

1) 민주주의

민주주의는 인민의 지배를 뜻하며 특히 이를 실현하기 위한 절차와 과정과 관련되어 있는데 여기에는 다음과 같은 기본 요소가 포함되어 있다.

 ㄱ. 시민에 의한 정부구성: 법을 시민이 만들고 권력자를 시민이 직접 선출함

ㄴ. 기본권 보장: 양심의 자유, 사상의 자유, 신체의 자유,
집회 및 시위의 자유, 정당활동의 자유 등 정치적 의사
를 형성하고 표현하기 위해서 필요한 기본권을 침해할
수 없음

ㄷ. 정치적 다원주의: 시민이 국가를 구성하고 운영하는 과
정에서 다양성 보장

ㄹ. 다수결: 모든 시민이 평등하다는 것을 전제로 전원합의
가 이루어지지 않는 상황에서는 다수의 의사를 받아들임

ㅁ. 권력분립: 권력의 상호견제를 유도함으로써 시민이 정
치적 참여 과정에서 또는 그로 인해 피해를 당하지 않도
록 보호

ㅂ. 법치주의: '법의 지배'는 권력을 제한하고 시민권을 보
장함으로써 실현됨(오승철 2011)

2) 공화주의

공화국은 법을 기반으로 시민이 정치적 의사 결정에 차별 없이 평
등하게 참여하는 정치 체제다. 단순히 왕국에 반대되는 의미로도
사용된다. 하지만 공화국이 republic 또는 commonwealth의 번
역어라는 것을 통해 알 수 있듯이 시민의 평등한 참여와 공동의 번
영commonwealth을 지향하는 공동체라는 의미도 갖는다. 영어의
republic이란 말은 '공적인 것 또는 공익'을 뜻하는 라틴어인 res
publica에서 나왔다. 동양에서 사용되는 공화共和란, 중국 주나라 여
왕厲王의 폭정으로 반란이 일어나자 왕은 도피하고 제후들이 힘을
합쳐 나라를 다스렸다는 '공화시대'에서 유래하였으며, 19세기 일본

의 학자들이 'republic'의 번역어로 채택하였다(김경희 2009; 최현 2010).

공화주의는 참여와 평등의 공동체를 지향한다는 점에서 다음에서 설명할 법치주의와도 밀접한 연관을 갖는다. 왜냐하면 공화주의는 평등한 참여를 옹호하고 어떤 개인이나 집단이 특권을 갖는 것을 인정하지 않기 때문이다. 공적인 영역에서 개인적인 관계에 따라 다른 기준을 적용하는 '인치'를 극복하고 모든 사람에게 같은 기준을 적용하는 '법의 지배'를 지향하는 법치주의는 공화주의와 일치하는 부분이 있다. 또한 공화주의는 공동의 번영을 추구하는데, 우리나라 헌법은 "국가는 균형 있는 국민경제의 성장 및 안정과 적정한 소득의 분배를 유지하고, 시장의 지배와 경제력의 남용을 방지하며, 경제주체간의 조화를 통한 경제의 민주화를 위하여 경제에 관한 규제와 조정을 할 수 있다(119조 2항)"는 조항을 두고 있다.

3) 법치주의

법치주의는 국가가 공권력을 행사하기 위해서는 반드시 시민들의 대표기관인 의회가 제정한 법률에 근거해야 한다는 원리다. 이것은 시민들의 자유와 권리를 보장하고 일부의 특권을 거부하기 위한 것이다. 따라서 법치주의는 민주주의와 공화주의의 필수요소다. 법치주의의 발전을 역사적으로 살펴보면 그것은 먼저 영국에서 '왕의 지배'에 대립하는 '법의 지배'라는 개념으로 발전했다. 이것은 법이 시민들의 의사를 반영하고 시민들의 자유와 권리를 보장해야 하며 이를 위해 어느 누구의 특권도 인정하지 않아야 한다는 실질적 법치주의의 모습을 갖게 됐다. 하지만 민주주의적 전통이 약했던 독일에서는 19세기 말 행정과 통치 행위를 법률을 통해 수행한다는 형식적 법치주의가 발전했다. 형식적 법치주의는 법에 따른 행정을 강조하며 특권을 인정하는 불공정한 법의 내용을 문제 삼지 않는다. 이에 따르면 독재국가나 절대왕정도 법치주의 국가라고 할 수 있다(오승철 2011).

현재는 형식적 법치주의를 법치주의로 인정하지 않지만, 권력자와 권력 지향적인 지식인들이 때때로 형식적 법치주의를 내세워 특권을 정당화하고 시민들의 자유와 권리를 침해하는 경우를 볼 수 있다. 예를 들자면 우리나라에서 주류 언론이나 행정부의 관료들이 법치주의를 기치로 시민과 노동자들의 집회 및 시위를 엄단하겠다며 공개적으로 협박을 하면서도 재벌과 대기업 총수들의 비리와 위법 행위에 대해서는 입을 다물고 처벌하지 않는 것이다. 법치주의의 근간이 무너지는 것은 국가가 사회적 약자들을 처벌하지 않기 때문이 아니라 부유층이나 권력자들의 특권을 인정하기 때문이다. 빵 몇 개를 훔친 벌로 10여 년간 감옥에 갇혀야 했던 장발장의 사례에서 알 수 있듯이 형식적 법치주의를 전가의 보도처럼 휘두르며 사회적 약자들을 제물삼아 강력하게 처벌하면서 재벌과 권력자에게는 사면을 남발하는 행정관료와 그것을 옹호하는 주류 언론이 실질적 법치주의를 무너뜨리고 있다. 따라서 우리는 법치주의가 추구하는 본질적 가치가 무엇인가 분명히 이해할 필요가 있다.

법치주의는 본질적으로 다음과 같은 요소들을 포함한다.

ㄱ. 의회유보 원칙: 국가가 공권력을 행사하기 위해서는 반드시 시민의 대표기관인 의회가 제정한 법률에 근거가 있어야 한다는 원칙.

ㄴ. '실질적 정의'와 '법의 안정성': 법치주의의 2가지 축으로 전자는 법이 실질적으로 정의에 부합해야 한다는 것이다. 후자는 법이 예측할 수 있도록 분명하고, 국민의 신뢰를 보호하며, 법의 효과가 나중에 생겨난 법에 의해 번복되지 않아야 한다는 원칙.

ㄷ. 공정한 사법제도와 헌법재판: 법치주의는 사법권의 독립을 통한 공정한 사법제도를 요구하며 법률의 위헌여부를 심사하기 위한 헌법재판제도를 필요로 한다는 원칙(오승철 2011).

4) 평화통일의 지향

헌법은 (ㄱ) 평화통일을 국민의 사명으로 규정, (ㄴ) 자유민주적 기본질서에 입각한 통일 지향, (ㄷ) 통일을 대통령의 책무로 규정하고 있다. 우리나라 헌법이 평화통일 지향하는 것을 하나의 원리로 삼고 있는 것은 우리가 가지는 분단 국가로서의 특수성 때문일 것이다. 여기서 자유민주적 기본질서에 입각한 통일이라는 것을 북한 체제를 완전히 부정하는 '흡수통일'로 간주될 수 없을 것이다(오승철 2011). 흡수 통일은 앞의 평화통일과 상호 모순되는 것이기 때문이다.

5) 국제평화주의

우리나라 헌법은 대한민국이 침략적 전쟁을 해서는 안 되며 국제평화를 유지하기 위해 노력해야 한다(헌법 전문과 5조 1항)고 규정하고 있다. 또 이를 위해 국제법을 존중하고 외국인의 지위를 보장한다(헌법 6조 1항과 2항)는 것을 분명히 하고 있다(오승철 2011).

 공동자원론, 생태헌법을 제안한다

Ⅱ. 민주주의와 공화주의

앞에서 언급했듯이 헌법에 대해서 올바로 이해하는 것이 시민의 덕성과 능력을 키우는데 있어 매우 중요하다. 그런데 대부분의 시민들이 대한민국 헌법 1조 1항 "대한민국은 민주공화국이다"가 무슨 의미인지 잘 알고 있지 못하고 있다. 이것은 현재 우리나라에서 시민이 시민으로서 제대로 교육받지 못하고 정치적 능력을 키우고 있지 못하다는 것을 보여주는 단적인 예다. 일반 시민들뿐만 아니라 오승철(2011)과 성낙인(2012) 등 많은 학자들 역시 공화국의 의미를 정확히 인식하지 못하고 있다. 곧 그들은 공화국을 단순히 군주국과 구별하여 왕이 없는 국가로 정의하고 있다. 하지만 그렇게 정의한다면 공화국의 의미는 매우 협소해져서 민주주의와 거의 같은 의미를 갖게 되고 민주공화국은 같은 말을 반복하는 것이 된다. 왜냐하면 원래 민주주의democracy또한 군주의 지배와 대립되는 인민 주권과 인민의 지배를 의미하기 때문이다. 따라서 우리는 민주주의와 공화국(또는 공화주의)이 지향하는 가치의 공통점과 차이점을 함께 이해하는 것이 필요하다.

1. 민주주의란 무엇인가?

비민주적 독재 국가에서 살던 80년대 중반까지 우리나라 국민들에게 민주주의는 모든 좋은 것을 의미했다. 곧 민주화가 모든 문제를 해결해 줄 것이라 믿음이 있었다. 이러한 민주주의에 대한 환상은 우리나라 국민들뿐만 아니라 민주주의를 경험하지 못 했던 많은 인류가 공유했던 것이다. 이렇게 민주주의를 경험하지 못했던 많은 사

람들이 민주주의에 대해 환상을 가지게 된 데에는 미국의 링컨 대
통령이 민주주의를 정의하면서 사용한 "인민의, 인민에 의한, 인민
을 위한 정부"라는 잘 알려진 문구가 이바지한 바가 크다. 이 문구는
"인민에 의한"이라는 민주주의의 본질을 적시하고 있지만, "인민을
위한"이라는 민주주의의 본질에서 벗어난 내용을 포함시키고 있다.
이것은 민주주의의 지향점과 무관한 것은 아니라고 해도 결코 일치
하는 것은 아니다. 링컨의 민주주의 정의는 이처럼 민주주의가 지
킬 수 있을지 확신할 수 없는 장밋빛 미래를 민주주의에 포함시킴으
로써 많은 사람들이 민주주의를 만병통치약으로 생각하도록 만드는
문제를 낳는다.

　　민주주의의 요체는 "인민에 의한 지배"다. 이것은 민주주의가 원
래 인민을 뜻하는 demo와 능력, 재능, 힘 또는 지배를 뜻하는 kratia
가 결합된 말로 "인민의 지배" 또는 "인민의 권력"을 뜻한다는 것을
통해서도 확인할 수 있다(고병권 2011; 스위프트 2011; 헬드 2010).
그런데 인민에 의한 지배는 결국 지배의 결과에 관한 것이 아니라
지배의 주체와 방식에 관한 것이다. 따라서 민주주의의 핵심은 인민
이 의사를 결정하는 절차와 방식이다(스위프트 2011: 261). 인민의
지배를 실현하는 의사결정 절차와 방식으로 민주주의를 이해하는
것은 민주주의를 둘러싼 비난과 회의, 찬사와 열광을 동시에 이해할
수 있는 좋은 방법이다. 나는 앞에서 국민에 의한 정부구성, 정치적
다원주의, 다수결, 기본권 보장, 법치주의, 권력의 제한을 민주주의
의 핵심요소라고 했는데 이러한 요소들 역시 시민들이 국가의 의사
결정에 평등하게 참여할 수 있게 하는 절차로서의 민주주의라는 개
념에 부한다.

1) 절차로서의 민주주의

민주주의를 절차와 방법으로 이해하는 것은 민주주의를 집단적 결정의 올바름correctness을 추구하는 제도가 아니라 정당함legitimacy을 확보하는 제도로 이해하는 것이다. 물론 정당함과 올바름이라는 두 마리 토끼를 함께 잡을 수 없는 것은 아니지만 민주주의의 이상은 올바름이 아니라 정당함이라는 것이다. 올바름과 정당함 사이에는 매우 중요한 간극이 존재한다. 과학을 둘러싼 논쟁은 올바름을 추구한다. 반면에 정치적 공동체는 올바름보다 정당함을 추구한다. 그리고 이러한 정당함은 의사결정의 결과가 아니라 과정 속에 구현되는 가치들과 연관되어 있다(스위프트 2011). 민주주의적 절차는 그 자체에 평등, 자율성, 자치란 가치를 구현하고 있다. 따라서 민주주의가 가져오는 결과와 관계없이 민주주의의 가치를 인정할 수 있다. 절차로서의 민주주의라는 민주주의의 개념을 정확히 이해하기 위해 우리는 민주주의의 가치를 본질적 가치와 수단적 가치로 구분해서 살펴볼 것이다. 또한 민주주의가 인민의 지배를 달성하는 방법과 절차라면 인민의 지배가 얼마나 되고 있는가가 민주주의를 평가하기 위해 중요한 기준으로 제시되는 데 이를 위해 고려되는 문제들을 살펴볼 것이다.

2) 민주주의의 가치

민주주의를 본질적으로 집단적 결정이 정당성을 갖추기 위해 필요한 절차와 제도로 보고 거기에 가치를 부여하는 것은 민주적으로 내려진 결정이 옳을 경우에는 말 할 것도 없지만 틀린 경우에도 정당하고 가치가 있는 것으로 간주한다는 것이다. 다시 말해 절차로서의 민주주의에 1차적 가치를 부여하는 것은 민주주의가 가져온 결정의 내용과 질에 2차적 가치를 부여한다는 것이다. 이것은 민주주의가 잘 못된 결정을 가져온다고 하더라도 그 자체로서 실현하는 가치가 있기 때문이다. 이러한 민주주의의 본질적 가치를 이해하기 위해 우리는 여기서 민주주의의 본질적 가치와 수단적 가치를 구분하고자 한다.

(1) 민주주의의 본질적 가치

민주주의가 그 자체로서 구현하는 가치는 정치참여로서의 자유, 평등, 자아실현의 3가지다.

ㄱ. 정치참여로서의 자유 실현

민주주의에 내재해 있는 자유는 많은 사람들에게 익숙한 소극적 자유(간섭 받지 않을 자유)와 차이가 있으며 따라서 논란을 불러일으킬 수 있는 자유다. 하지만 이러한 자유는 루소가 자유를 "우리가 스스로에게 부여한 법률에 복종하는 것"이라고 정의했던 것에서 알 수 있듯이 자유의 본질적 내용을 형성한다. 그리고 민주주의를 통해 우리는 이러한 자유(자율성 또는 자치)를 누리는데 이것은 타인이 만든 법률에 따라 사는 사람들이 결코 누릴 수 없는 자유다. 이런 종류의 자유는 민주주의 절차에 본질적인 것으로 민주주의의 결과에 상관없이 민주주의 절차 그 자체가 시민들에게 자치의 기회를 허용해 준다고 말할 수 있다(스위프트 2011: 290-3).

시민의 자치권을 존중하는 것이 때로는 올바른 법을 만드는 것을 방해할 수 있다. 하지만 시민의 자치권을 존중하는 것은 근대적 자유주의의 핵심에 맞닿아 있는 것이다. 자유주의에 따르면 올바른 선택을 하는 것보다 스스로 선택하는 것이 사람들에게 더 중요하다. 그리고 이러한 자유주의적 가치는 근대 이후 인류가 지향해야 할 가치로 인정되고 있다. 민주주의는 동일한 논리를 정치에 적용하고 있기 때문에 보편적 가치로 인정받고 있다. 근대 사회에서 사람들은 자신의 개인적 일을 스스로 결정할 수 있어야 하며(자유주의), 사회적으로도 자신의 공동체 일을 결정하는데 참여할 수 있어야 한다(민주주의). 역사적으로도 민주주의는 자유주의와 대체로 같은 시기에 출현했는데, 이것은 두 사상이 공통의 토대를 가지고 있다는 것을 보여준다(스위프트 2011: 294-5).[2]

ㄴ. 평등의 구현

공동체의 운영 과정에서 모든 시민들에게 평등한 발언권을 줌으로써 시민의 평등한 지위를 보장하는 절차가 민주주의라는 생각이 바로 민주주의라는 이상의 핵심이다. 하지만 '평등한 발언권'이라는 이상은 다양한 방식으로 해석될 수 있다. 형식적으로 평등한 투표권을 소유하는 것이 평등한 발언권이라고 생각하는 사람이 있는가 하면, 모든 구성원이 적절한 교육을 받고 정치과정에서 사실상 소외되지 않을 정도로 부유할 때에만 평등한 발언권을 가진 것으로 보는 사람도 있다. 이를 둘러싼 이견이 현재 정치에 존재한다. 또한 시민들의 의견 수렴의 방식에 대해서도 이견이 존재한다. 시민들을 평등하게

대하는 한 가지 방법은 공동체의 결정을 내리기 위해 의견을 취합할 때 단순히 모든 의견을 똑같은 비중으로 반영하는 것이라는 것이 하나의 견해다. 또 다른 견해는 그들에게 집단적 심의에 영향을 미칠 수 있는 동등한 기회를 주는 것이야 말로 민주적인 의견 수렴 방법이라는 것이다. 전자에 따르면 민주주의는 시민들이 자신이 원하는 것을 얻는 것이며, 후자에 따르면 민주주의는 원하는 것 자체를 변화시키는 과정이다. 전자에 따르면 민주주의는 정치인과 정책이 사람들의 요구에 반응하는 시장과 비슷하며, 후자에 따르면 공동체의 문제를 놓고 시민들이 함께 심의하는 포럼과 비슷하다. 평등을 달성하기 위해 민주주의를 어떻게 발전시켜야 하는가에 관해서 이견이 있지만, 민주주의가 평등을 본질적 가치로 내장하고 그것을 실현하고 있다는 점에는 이견이 없다(스위프트 2011: 297-301).

ㄷ. 자아실현

민주주의를 통해 인간이 자아를 실현한다는 생각은 아리스토텔레스의 정치적 동물zoon politikon로서의 인간이라는 인간 개념 속에 들어 있었다. 고대 그리스와 달리 현대 사회에서 정치 활동은 이제 인간의 최고의 목표로 인정되지 않지만, 최소한 부분적으로 자신이 속한 정치 공동체에 참여하는 것은 여전히 자아실현의 중요한 부분으로 간주된다. 민주주의에서 시민들은 함께 토론하고 성찰하며 상호 간의 행위를 규제할 수 있는 규칙을 만드는 정치에 참여하고 정치적으로 창조적인 일을 함으로써 인간적인 능력을 실현한다. 이런 능력은 특별히 인간다운 능력으로 이를 사용하지 않는다면 인간은 완전한 인간이 되지 못한다(스위프트 2011: 296-7). 따라서 민주주의는 그 자체로서 인간이 자아를 실현할 수 있는 공간을 제공한다.

(2) 민주주의의 수단적 가치

민주적인 절차를 수단적으로 정당화 하는 가치는 크게 3가지로 올바른 결정과 시민들의 지적·도덕적 발전, 결정의 정당화를 들 수 있다.

ㄱ. 올바른 결정

민주주의는 올바른 결정을 가져오는 경향이 있다. 이것은 최근 떠오르고 있는 "집단 지성"이라는 말과도 관계가 있다. 프랑스의 철학자이자 수학자인 콩도르세(Marquis de Condorcet, 1743~1794)는 평균적으로 개인이 옳은 판단을 할 가능성이 55%라면 339명이 참여한 판단이 옳을 가능성은 98%라는 것을 보여주었다. 콩도르세와는 다른 방식으로 민주주의가 올바른 결론에 이를 수 있는 제도라는 것을 통해 민주주의를 정당화하는 사람들이 있다. 콩도르세는 다수의 견해를 취합함으로써 개인의 능력을 뛰어넘을 수 있다는 것을 보여주었지만, 이들은 민주주의에서 가능한 토론과 반성 그리고 논쟁을 통해서 시민들이 잘못된 생각이나 이기적 생각을 올바르고 공공성을 가진 생각으로 바꾼다고 주장한다. 따라서 민주주의는 정치적 결정의 질을 향상시키는 경향이 있다는 것이다(스위프트 2011: 303-7).

이러한 민주주의를 정당화하는 근거와 관련해서 우리는 2가지 기억해야 할 것이 있다. 첫째는 이러한 주장은 민주주의는 항상 옳은 결론을 가져다주기 때문에 정당하다는 의미가 아니라는 것이다. 민주주의는 비민주적인 절차와 제도에 비해 올바른 결론에 도달할 수 있는 가능성을 높이기 때문에 정당하다는 것이다. 둘째는 이러한 정당화 주장은 민주주의를 올바른 결론에 도달하기 위한 인식론적 수단으로 이해한다는 것이다(스위프트 2011: 308-9).

ㄴ. 시민들의 지적·도덕적 발전

어떤 학자들은 시민들이 스스로 정치적 의사를 결정하기 때문이 민주주의가 좋은 것이 아니라 그런 결정과정에서 시민들이 지적·도덕적으로 성장할 수 있기 때문에 민주주의가 좋은 것이라고 주장한다. 이러한 주장은 민주주의가 자아실현에 도움이 되기 때문에 민주주의가 좋은 것이라는 정당화 방식과 상당히 유사하다. 하지만 차이가 있다. 민주주의에 참여함으로써 시민들이 발전한다는 주장은 참여가 시민이 자아를 실현하는 데에 필수적인 요소라는 주장과 다르며 상대적으로 논란의 여지가 적다. 하지만 지적·도덕적 발전을 위해 민주주의 공동체에 참여하는 것은 아니다. 지적·도덕적 발전은 다른 이유로 시작한 정치참여의 부수효과로 보아야 할 것이다(스위프트 2011: 310-1).

ㄷ. 정치적 결정의 정당화

정치 공동체에서 어떤 결정을 내리는가도 중요하지만 그 결정을 시민들이 어떻게 생각하는가도 중요하다. 어떤 학자들은 민주주의가 공동체적 결정을 정당화함으로써 시민들이 그 결정을 자발적으로 따르도록 만든다는 점 때문에 필요하다고 주장한다(스위프트 2011: 312-3).

우리는 지금까지 민주주의를 추구하는 입장들 사이의 차이를 파악하기 위해 절차로서의 민주주의를 그것이 가진 본질적 가치(자유, 평등, 자아실현 등) 때문에 존중하는 입장과 민주주의가 좋은 결과(옳은 판단, 시민교육, 규칙의 준수 등)를 가져올 가능성이 크기 때문에 민주주의를 지지하는 입장으로 구분할 수 있다. 예를 들어 우리나라에서 '뉴라이트'라고 불리는 정치집단은 민주주의가 경제발전을 가져오는 경향이 있기 때문에 좋은 것이라고 생각한다. 따라서 경제발전을 위해서는 민주주의를 포기할 수도 있다고 생각한다. 민주주의에 대해서 모든 집단이 칭송하는 것처럼 보이지만 그 이유는 다양하며 쿠데타나 독재를 평가해야 할 중요한 순간에 결정적 차이가 나타난다. 민주주의의 본질적 가치를 중시하는 집단은 쿠데타나 독재에 의한 경제 성장에 비판적이다. 반면 민주주의의 수단적 가치를 중시하는 집단은 민주주의를 무시하거나 제한하더라도 경제 성장을 가져온다면 좋은 것으로 판단한다. 독재자 이승만과 박정희를 건국의 아버지, 부국의 아버지라고 칭송하는 사람(김일영 2010)은 민주주의의 수단적 가치만을 중시한다. 이런 사람들은 진정한 민주주의자가 아니다.

3) 민주주의의 정도

민주주의를 인민에 의한 지배를 가능하게 하는 절차와 제도로 정의하고 그것의 가치를 둘러싼 이견을 분석함으로써 우리는 민주주의의 중요한 내용을 다루었다. 그런데 민주주의와 관련된 또 한 가지 중요한 문제가 있는데 바로 그것은 바로 민주주의의 정도와 수준에 관한 것이다. 현대 사회에서 완전히 비민주적인 경우는 거의 없다. 그러나 또한 완벽하게 민주적인 경우도 없다. 결국 문제는 어떤 방향으로 어떻게 민주주의를 확대·발전시킬 것인가라는 문제가 제기되는데, 이것은 결국 민주주의의 정도, 민주화의 정도를 진전시키는 문제와 관련되어 있다. 민주주의의 정도(다시 말해 얼마나 인민에 의한 지배를 실현하고 있는가)를 둘러싸고 다음의 4가지 차원에서 논쟁이 발생한다.

① 결정의 직접성과 간접성: 시민 전체가 어떤 결정을 하기 위해서 직접 투표하는 것은 직접적 민주주의이며, 자신들을 대신해서 결정을 내릴 대표를 선출하기 위해 투표하는 것은 간접 민주주의다. 대부분의 사람들은 단순히 몇 년에 한 번씩 자신을 대신해서 결정을 내릴 대표를 선출하는 것보다 시민들이 직접 결정에 참여하는 것이 더 민주적이라고 생각한다. 하지만 직접 민주주의는 실현시키기 어려운 경우가 많다. 우선 국민국가 범위에서 모든 사람들이 함께 의사결정에 참여하는 것이 물리적으로 어렵다. 정보통신기술의 발전으로 많은 사람들이 의사결정에 참여할 수 있는 가능성이 생겨나고 있다는 주장도 있지만, 많은 경우 문제는 너무나 복잡하고 모든 시민이 이런 문제 모두를 깊이 이해하기를 기대할 수는 없다. 의사결정의 직접성은 그 자체로는 절차의 형식성과 관련될 뿐 결정의 내용과는 무관하다. 결국 대표를 선출하기 위해 짧은 기간 성실히 참여하는 것과 관심도 없고 거의 또는 전혀 지식이 없이 직접 의사결정에 참여하는 것 중에서 후자가 더 '민주주의적'이지만 그렇다고 바람직한 것은 아니다. 하지만 직접 민주주의를 축소하는 것이 대안이 될 수는 없다. 대안은 단기적으로는 대의제 등 간접 민주주의 제도를 채택하면서 소환 등 직접 민주주의 제도를 통해 이를 적절히 견

제하고, 장기적으로는 시민들의 정치적 관심과 능력을 키우는 것이
다(스위프트 2011: 264-6).

② 대표자들의 책임성: 대표자가 자신의 판단에 따라 선거구민의
의견에 반하는 결정을 하는 것은 선거구민을 배신하는 행위인가? 아
일랜드의 철학자이자 정치가인 버크(Edmund Burke, 1729~1797)
는 대표자가 선거구민의 의견에 따라 스스로 판단한 것을 포기하는
행위야 말로 선거구민을 배신하는 행위라고 주장한다. 왜냐하면 선
거구민은 대표자가 자신들보다 나은 판단을 해줄 것을 기대하기 때
문이라는 것이다. 그런데 이러한 주장을 단순히 대표자들이 선거구
민들보다 더 현명하다고 보는 엘리트주의 산물로 치부해서는 안 된
다. 왜냐하면 대표자는 심의에 참여함으로써 문제에 대해 더 잘 이
해하고 결정을 내릴 가능성이 실제로 크기 때문이다(스위프트 2011:
267-9). 따라서 대표자가 어느 정도까지 재량권을 가지며 선거구민
에게 어떤 방식으로 책임을 져야 하는가라는 문제는 민주주의의 정
도와 관련해서 중요한 논쟁거리가 된다.

③ 영향력의 평등: 시민들이 더 평등하게 정치적 영향력을 미칠
수 있는 기회를 가질 때 더 민주적이라고 할 수 있다. 그런데 정치적
영향력의 평등한 기회를 제공하기 위해서 필요한 것은 무엇인가? 어
떤 사람들은 필수적인 자유와 일정한 교육수준 등 최소한의 시민적
재화citizenship goods를 가지고 있으면 충분히 민주적이라 한다. 다른
사람들은 더욱 광범위한 평등이 필요하다고 한다(스위프트 2011:
270-3). 왜냐하면 정치적 영향력은 상대적이기 때문이다. 어떤 사

람은 가난하고 사회적 지위도 낮아 겨우 자기 입으로만 자신의 의견을 알릴 수 있을 뿐인데, 다른 어떤 사람은 부유하고 사회적 지위도 높아 방송과 신문을 통해서 자신의 의견을 알릴 수 있다면 영향력의 평등과 민주주의는 있을 수 없기 때문이다. 어느 정도까지 정치적 평등을 제공해야 하는가는 중요한 논쟁거리다.

④ 민주주의적 결정의 범위: 어떤 문제를 민주주의적 절차에 따라 결정해야 하는가라는 문제 역시 민주주의의 정도와 관련된 논쟁거리다. 이것은 결국 정치의 적절한 범위는 어디까지인가라는 문제다. 예를 들어 동성애자들이 동성애를 합법화하기 위해 캠페인을 벌이는 것을 방해하는 것은 민주주의를 훼손하는 것이다. 하지만 민주주의적 절차에 따라 동성애를 금지하는 것은 민주주의에서 벗어나는 것은 아니다. 그런데 민주적 결정으로 성적 자유를 제한하는 것이 정당한가라는 문제가 제기된다. 다음에 인권을 살펴볼 때 구체적으로 다루겠지만 종교적 자유나 성적 자유 등 많은 기본권이 민주적 결정의 지배를 제한함으로써 보호되기도 한다. 이러한 권리들은 민주주의를 정당화시키는 자유와 평등, 인권 같은 보다 상위의 가치들로부터 나온다(스위프트 2011: 273-6). 하지만 민주주의적 결정의 범위는 사형제도, 양심적 병역거부, 재산권 제한 등 인권을 둘러싼 여러 가지 갈등과정에서 중요한 다툼의 대상이 되고 있다.

2. 공화국이란 무엇인가?

민주주의가 인민에 의한 지배라면, 공화국은 평등한 시민이 공공선을 추구함으로써 공동의 번영을 누리는 공동체다. 공화주의는 공화

     공동자원론, 생태헌법을 제안한다

국 또는 공화정을 지향하는 정치이념이나 제도다. 공화주의의 핵심적 가치는 비지배non-domination 자유이며, 자유, 평등, 법치, 공공선과 시민적 덕성을 그 핵심 요소로 한다(김경희 2009; 비롤리 2006). 사회가 지나치게 불평등해지면 권력과 재산 같은 정치·사회적 가치를 엄청나게 소유한 이들이 경쟁의 공정한 규칙이나 법을 지키지 않아도 될 정도로 힘이 강해진다. 이런 사회에서는 약자들이 부자와 권력자에게 종속되어 비지배 자유라는 가치는 훼손된다. 삼성의 이건희 회장은 여러 가지 불법 행위를 저질렀지만 삼성이 쌓아 올린 엄청난 부를 이용해 처벌을 받지 않았다. 오히려 그의 불법 행위를 폭로한 김용철 변호사가 박해를 겪었다. 이러한 사실은 역설적으로 비지배 자유라는 공화주의의 가치가 가지는 중요성과 함께 형식적 평등만으로 그것을 실현할 수 없다는 사실을 보여준다. 이렇게 법치가 흔들리고 불평등과 부자유가 판치는 사회에서 가난하고 낮은 계층의 사람들은 고통과 굴욕을 감수해야만 한다. 당연히 누구도 공동체와 공공선을 위해 일하지 않을 것이며, 공동체에 대한 주인의식과 책임의식 등 시민적 덕성도 쇠퇴할 수밖에 없다(비롤리 2006). 공화주의는 갑-을의 불공정한 지배-종속 관계를 지양함으로써 시민의 덕성을 고양시키는 것을 지향하는 정치적 이념이다.

1) 비지배(non-domination) 자유로서의 공화주의

공화주의는 자유롭다는 것을 '종속되지 않는 것' 또는 '타인의 자의에 지배되지 않는 것'으로 본다. 이것이 의미하는 바는 공화주의 자유 개념을 자유주의 자유 개념과 비교해볼 때 좀 더 분명하게 드러난다. 자유주의가 소극적 자유의 중요성을 강조하면서 정치 공동체가 개인의 선택에 간섭하지 말아야 한다고 주장하는 반면, 공화주의는 공정한 법에 따라 개인적 선택에 제한을 가하는 것을 자유에 대한 제한으로 보지 않고 오히려 자유를 구성하는 핵심 요소라고 주장한다. 모두에게 적용되는 법적 제한은 시민들을 억압하려는 시도에 대한 유일한 방패막이기 때문이다(비롤리 2006: 43-4).

공화주의는 이렇게 주종 관계에서 벗어나려는 요구를 자유의 본질로 간주하며, 정치 공동체의 최고의 목적, 다시 말해 공동체가 추구해야 할 최고의 공공선(공익)을 시민들에게 이러한 비지배 자유를 보장하는 것이라고 주장한다. 예를 들어 공화주의자인 마키아벨리는 남에게 예속되는 것dependence도 원치 않고 또한 남들을 주인처럼 지배하려는 야심도 없는 그런 시민에게 이로운 것을 정치공동체의 공공선이라 정의한다. 이러한 정의를 통해 마키아벨리는 언제나 논란의 한 가운데 놓여 모호하게만 보이던 공공선에 대한 매우 명확한 개념을 제공했다. 이제 공공선은 모든 사람이 함께 누리는 이익도 개인의 이익을 뛰어넘는 어떤 초월적 가치도 아니고 비지배 자유가 되었다(비롤리 2006: 35-6).

이러한 공화주의적 자유는 민주주의가 추구하는 주권적 자유와도 다르다. 민주주의는 의사결정 과정에 직접 참여하는 일종의 적극적 자유를 지향하지만, 공화주의적 자유는 개인들이 예속에서 벗어나 있을 자유, 다른 사람이나 조직의 자의에 종속되지 않을 일종의 소극적 자유를 추구한다. 하지만 앞서 언급했듯이 공화주의적 자유는 정치 공동체로부터 간섭 받지 않을 자유인 소극적 자유와도 구분된다. 왜냐하면 공화주의적 자유는 법에 의한 간섭을 비지배 자유의 전제조건으로 받아들이기 때문이다.

2) 공화주의와 자유주의, 민주주의 자유

공화주의 자유 개념을 정확히 이해하기 위해서는 자유주의 및 민주주의의 자유 개념과 비교해 보는 것이 도움이 된다. 특히 공화주의는 종속이나 주종관계는 받아들이지 않지만 법에 의한 보편성을 갖는 간섭은 자유를 위해 반드시 필요하다고 생각하다.

① 자유주의의 자유: 자유주의적 자유는 다른 사람이나 다른 사람들의 집단에 의해 행동을 간섭 받지 않는 것이다. 콩스탕(Benjamin Constant, 1845-1902)과 벌린(Isaiah Berin, 1909-1997)이 이러한 자유주의적 자유를 정의하는데 기여했다. 특히 벌린은 근대적 자유의 본질을 소극적 자유라는 개념으로 정식화했다(비롤리 2006: 96-9).

② 민주주의의 자유: 민주주의적 자유는 자율을 의미한다. 곧 자신을 위해 스스로 규범을 정할 수 있는 것, 그리고 스스로 만든 규범이 아니면 어떤 규범에도 복종하지 않는 것이다(비롤리 2006: 35-6).

③ 공화주의의 자유: 비지배 자유로서의 자유다. 공화주의는 민주주의를 예속되지 않을 자유에 도움을 주는 수단으로 간주한다. 하지만 시민의 참여를 통해 만들어진 법이라고 하더라도 공공선을 지향하지 않거나 보편성이 없다면 자유를 해치는 것으로 간주한다. 자기 결정이라는 민주주의적 요소를 자유를 얻기 위한 필요조건으로 보지만, 민주정부를 자유의 충분조건으로 보지 않는다. 공화주의는 공공선을 추구하고 보편성을 가지는 간섭을 자유의 전제조건으로 본다(비롤리 2006: 105-10). 또한 공화주의는 관대한 노예주가 직접 간섭하지 않더라도 그의 노예는 주인의 눈치를 보느라 자유를 누릴 수 없기 때문에 간섭 없이도 부자유 생겨날 수 있다고 주장한다

(라보르드 2009). 이점에서 간섭과 자유를 서로 모순되는 것으로 보는 자유주의와 분명하게 구분된다.

홉스(Thomas Hobbes, 1588-1679)는 공화국의 시민이나 왕국의 신민이나 법에 종속되어 있다는 점에서 자유가 없기는 마찬가지라고 주장했는데, 이러한 주장은 자유주의적 자유관과 일치한다. 이에 대해 공화주의자 해링턴(James Harrington, 1611-1677)은 공화국의 시민은 왕국의 신민보다 자유로운데 그 이유는 공화국에서 통치자와 시민은 동일한 법에 종속되는데 왕국에서 왕은 법 위에 군림하면서 제멋대로 신민의 재산과 생명을 빼앗을 수 있기 때문이라고 반박한다. 공화주의는 법의 지배가 시민 모두를 똑같이 구속함으로써 시민 개개인을 타인의 자의로부터 보호하는 역할을 한다고 주장한다. 법을 통한 간섭은 자유를 폐지하거나 제한하는 것이 아니라 자유를 지키고 확대한다는 자유주의자 로크(John Locke, 1632-1704)의 통찰은 공화주의적 뿌리를 가지고 있다(비롤리 2006: 114-16).

3) 공화주의의 경제적 조건

자유주의는 "힘의 행사 또는 위압적인 힘의 위협만이 개인적 자유를 제한하는 유일한 속박"이라고 생각하지만, 공화주의자들은 자유주의자들보다 더 철저하게 개인에 대한 속박을 줄이고자 한다. 여성과 남성, 재벌이나 대기업과 중소기업, 성인과 미성년자 사이 등 다양한 형태의 불평등한 관계에서는 종속적 위치에 놓인 측의 부자유를 가져올 수 있다. 따라서 공화주의는 법을 통해 불평등한 관계에 개입하여 사회적 약자를 보호할 필요를 강조한다. 따라서 공화주의는 균등한 분배를 추구하지는 않지만, 지배-종속 관계를 막을 수 있을 정도의 경제적 평등이 공화주의의 조건이라고 생각한다. 마키아벨리는 어떤 시민도 가난을 이유로 공적 명예로부터 배제되거나 비난을 받아서는 안 된다고 했으며, 루소는 공화국의 시민은 누구도 자신을 팔아버려야 할 정도로 가난해서도 안 되며, 다른 시민의 굴종을 살 수 있을 정도로 부유해서도 안 된다고 주장했다(비롤리 2006: 141). 이것이 공화주의의 경제적 조건이다.

공화주의는 루소가 주장했듯이 사유재산이 시민들의 자기 충족과 독립을 보장하는데 도움이 되기 때문에 시장경제를 중시한다. 하지만 시장이 혼자서 평등한 비지배를 보장할 수 없기 때문에 정치와 문화 등 사회의 다른 영역에 침투해서 지배력을 갖는 것에 반대한다. 경제적·사회적 문제에 대한 공화주의의 주요한 원칙은 다음과 같은 4가지다.

① 시장에 대한 국가의 우위: 공공성을 위한 국가의 시장에 대한 개입은 정당하고 필요함,

② 시민에게 기초 수입 보장: 시민들의 독립을 보장할 수 있는 경제적 조건 제공,

③ 상대적 불평등 축소: 불평등은 공공성을 파괴하고 자유의 토대를 침식,

④ 분배와 함께 생산의 중시: 경제적의 낙오자를 보호하는 것뿐만 아니라 낙오자를 만들이 내는 원인을 해결하는 것이 필요함(리보르드 2009: 45-7).

4) 공화주의와 공동자원

앞서 언급했듯이 공화주의는 시민의 독립성을 전제로 하며 독립성

을 보장하기 위해서는 물질적 토대가 필요하다. 시민을 모욕하거나 수치스럽게 하지 않으면서 시민에게 독립의 물질적 토대를 제공하는 것이 필요하다. 그것을 위해 가장 중요하고 근본적인 원천이 바로 공동자원이다. 공동자원은 어떤 개인이나 집단이 형성한 것이 아니기 때문에 그것과 관련된 다양한 수준의 시민들이 그 혜택을 향유할 수 있고 해야 하는 자원이다. 예를 들면, 마을주민들이 함께 만든 수리시설은 그 마을주민들의 공동자원이다. 민주적 공화국과 그것이 이룩한 사회간접자본, 금융제도, 분업체계 등은 공화국의 시민 모두의 공동자원이다. 또 지구환경은 인류 모두의 공동자원이다. 이러한 자원이 공화주의를 뒷받침하는 물질적 토대가 될 수 있다. 공동자원으로부터 생기는 수입을 관련된 시민들에게 기본소득으로 제공할 수 있다.

따라서 공동자원은 공화주의를 위한 아주 기본적이고 중요한 물질적 토대라고 할 수 있다. 마을의 공동자원(마을산, 마을회관, 마을어장, 마을목장, 마을숲 등)은 마을주민들의 자치와 복지, 협력을 위한 자산이다. 국가의 자연자원, 지하자원, 수력, 풍력, 사회간접자본, 도시, 금융시스템, 의료시스템, 교육시스템 등은 국민 전체의 공동자원으로 그 혜택이 일부에게 편중되어서는 안 된다. 사실 공화국은 "공적인 일"이라는 의미를 갖는 republic이기도 하지만 "공동의 번영" 또는 "공동의 재산"이라는 뜻의 commonwealth이기도 하다. 공화국은 그 자체로 공동의 번영을 위해 사용되어야 하는 우리 모두의 자산, 곧 공동자원인 것이다. 지구적 차원에서 보자면 탄소배출권 판매로 생기는 수입이나 공해公海, 대기 등에 대한 이용권을 팔아 생기 수익을 지구 시민들에게 골고루 나눠줄 필요가 있다. 이를 통해

　공동자원론, 생태헌법을 제안한다

마을, 국가, 지구의 불평등을 해소하고 진정한 지구 공화국으로 나아갈 수 있다.

공화국은 이윤을 추구하는 기업이 아니라 그 안의 모든 시민들의 존엄과 자유를 보장해주려고 노력하는 정치적 공동체다. 따라서 공화국은 자선이나 동정으로 시민에게 기본소득을 제공하는 것이 아니라 시민이 공화국과 지구에 대해서 가지는 지분으로부터 기본소득을 보장해야 한다. 또 기본소득을 통해 시민은 어떤 시장 조건에서도 독립과 존엄을 확보하고 시민으로서 공화국의 장래를 올바르게 결정할 수 있다. 따라서 이 과정에서 기본소득이 시민의 존엄성을 훼손하는 일은 있을 수 없다. 공화주의의 경제적·사회적 원칙은 현재 우리나라에서 가장 큰 사회문제 중의 하나로 부각되고 있는 이른바 갑-을 관계를 극복하는 기본적인 원칙을 제공한다고 할 수 있다. 하지만 더욱 중요한 것은 공화주의가 공화국의 목적을 분명히 하고 경제적·사회적 약자들의 정치적·문화적 역할의 중요성을 인정함으로써 시민으로서 자긍심을 고취시킬 수 있는 근거를 마련한다는 점이다. 공화주의의 관점에서 볼 때 시장에서 일자리를 구하지 못한 시민도 정치적·문화적으로 기여할 수 있는 시민으로서 국가와 다른 시민이 마땅히 존중해야 할 존재다. 공화주의는 시장주의와 경제주의적 인간관이 넘쳐나는 현세, 하나의 구원의 메시지다. 1조 1항을 통해 밝히고 있듯이 우리나라 헌법은 이러한 공화주의를 내포하고 있다.

Ⅲ. 인권이란 무엇인가?

권리라는 말은 영어의 right라는 말에서 왔다. 영어의 rights에는 "도덕적으로 올바른 것, 합리적인 것, 합법적인 것, 정당한 것"이라는 의미가 있다. 우리가 알고 있는 권리와 영어의 right 사이에는 많은 차이가 있다. 영어의 right에 우리가 생각하는 권리라는 의미가 포함되어 있는 것은 권리가 자연법적 연원을 갖고 있기 때문이다. 자연법 사상에 따르면 자연법은 보편적(다시 말해 동일한 모든 대상과 관계에 대해서 적용되는)이기 때문에 올바른 것이었다. 이로부터 근대 계몽주의자들은 신이 모든 인간에게 부여한 보편적 지위가 있으며, 이것이 바로 권리이고 이것은 보편적이기 때문에 이성적이며 올바른 것right이라는 사상을 발전시켰다. 인간에게 적용된 자연법이 인간의 권리이기 때문에 보편적으로 인간이 권리를 가지고 있다고 생각하는 것은 이성적이며 올바른 것이 되었다. 인권은 이제 "인간의 보편적이고 당연한 지위"라는 생각으로 발전했다. 그리고 이러한 인권의 본질은 자유로 간주되었다(최현 2008).

1. 시민권으로서의 인권

근대 시민사회의 발전과 함께 세속적인 사회적-정치적 질서를 형성하려고 했던 계몽사상가들은 인간을 그러한 질서의 전제이자 토대로 제시한다. 그리고 앞서 언급했듯이 계몽사상가들은 자연권(또는 천부인권)으로부터 근대적 인간의 본질을 끌어냈다. 이러한 권리의 주체로서의 인간, 자유로운 인간이라는 인권사상의 발전은 근대 사회의 철학적 도덕적 기초를 제공했다는 점에서 매우 의미 있는 것이었다. 하지만 이러한 인권사상에서 인권은 다시 신에 의해 뒷받침되어야 한다는 문제가 나타났다. 더 심각한 문제는 신이 실제 로는 인권을 보장하지는 못했다는 것이었다. 실제로 인권을 보장하 기 시작한 것은 미국의 독립전쟁과 프랑스 혁명을 통해 탄생한 근 대 국가였다. 시민 혁명은 절대주의 왕국을 무너뜨리고 공화국을 건 설했다. 그 공화국은 인권사상을 수용하여 인권을 보장하기 시작했 던 것이다. 하지만 근대 국가는 특정한 지역에 사는 특정한 시민들 에게만 권리를 보장할 수 있었을 뿐, 보편적인 인간의 권리를 보장 할 수 없었다. 따라서 현실 역사 속에서 인권은 시민권citizen right 또 는 citizenship의 형태로 실현되었다(최현 2008).

시민권은 국가라는 정치적 기구 및 제도를 통해 실현된 인권이 다. 따라서 시민권은 "시민이 인간답게 살기 위해 국가와 다른 시민 에게 요구할 수 있는 지위"로 정의할 수 있다. 계몽주의자들의 사상 에 따라 근대 국가는 인권을 실현하기 시작했지만, 근대 국가가 실 현한 인권은 매우 제한된 것이었다. 우선 계몽주의자들이 제시한 인 권은 보편적인 것이었지만, 근대 국가는 자국의 시민에게만 배타적 으로 인권을 보장했을 뿐만 아니라 재산이 적은 사람들과 여성은 그 시민권에서 조차 배제되었다. 현재 대부분의 근대 국가는 여성과 재 산이 적은 사람들에게 시민권을 보장하고 있지만, 여전히 외국인에 게 시민권을 제공하는 경우는 기의 없다(최현 2008).

인권이 도덕적-당위적-추상적 차원에서 인간의 권리를 정당화 했다면, 시민권은 그것의 제도적-법적-현실적 보장했다. 그리고 시 민권의 발전은 다시 인권에 대한 이해의 폭을 넓혔다. 왜냐하면 구 체적인 제도로 발전한 시민권은 추상적 논의에 불과했던 인권이 충분히 예상하지 못 했던 인간의 권리의 문제를 드러냈다. 예를 들면, 프랑스에 살고 있는 이슬람계 여자 어린이가 학교에 히잡hijab을 쓰고 갈 권리가 있는가라는 문제는 정교분리, 남녀평등과 종교의 자유 및 다문화적 권리라는 민주사회의 주요 원칙들이 충돌하는 인권 또는 시민권과 관련된 현대 사회(특히 다문화 사회)가 결정해야 할 매우 중요한 문제인데, 계몽주의자들의 인권 사상에는 이러한 문제에 대한 논의가 전혀 없었다. 왜냐하면 이러한 문제들을 계몽주의자들은 현실 속에서 경험하지 않았고 따라서 논의할 필요가 없었기 때문이다(최현 2008).

2. 인권의 내적 모순

오늘날 인권은 "보편적 가치" 또는 "지배적 이념"이 되었다. 특히 인권은 20세기 후반 냉전 종식 이후 동유럽으로 확대되었고, 이제 전 세계를 지배하는 일종의 '지구적 가치'의 지위를 확보했다. 인권을 부정하면 사람으로 취급 받기 어려운 세상이 된 것이다. 이에 따라 모든 사회적 갈등이 인권의 내용을 둘러싸고 벌어지게 되었다. 예를 들어 촛불집회 참가자는 인권의 이름으로 촛불집회의 정당성을 주장하는데, 주변 상가주인 역시 인권의 이름으로 촛불집회 금지를 주장하는 것이다. 이제는 인권과 인권 사이의 관계를 판단하는 문제가 중요해 진 것이다. 이러한 판단을 위해서 우리는 인권의 원리를 올바로 이해할 필요가 있다. 이것은 한편으로는 보다 근본적인 인권의 항목들과 부차적인 항목들 사이의 관계를 이해하는 것이지만, 다른 한편으로는 인권들 사이의 내적 모순관계를 파악하는 것이기도 하다. 인권을 규정하는 내적 모순들 중에서 중요한 것을 정리해보면

     공동자원론, 생태헌법을 제안한다

다음과 같다.

① 자유권, 정치권, 사회권, 환경권 사이의 모순: 인권에는 국가의 부당한 간섭으로 자유로울 권리인 자유권, 국가 권력에 참여할 권리인 정치권, 인간으로서 존엄성을 유지할 수 있는 조건을 보장받을 수 있는 권리인 사회권이 포함되어 있다. 또 최근에는 인간이 정상적인 삶을 살아가기 위해서는 적절한 자연환경이 보장되어야 한다는 인식이 확대되면서 환경권도 인권에 포함되게 되었다. 이들 사이에는 선거권(정치권)과 언론·출판·결사의 자유(자유권)처럼 서로 보완적인 관계에 있는 권리도 있지만, 재산권(자유권)과 복지권(사회권)처럼 서로 모순적인 관계에 있는 권리도 있다. 또 집회 및 시위의 자유와 재산권처럼 자유권의 일부로 대체로 보완적이지만 촛불집회가 빈번히 열렸던 2002년 광화문 주변 상가들이 재산권 침해를 이유로 집회 및 시위를 금지해달라고 소송을 냈던 사례에서 알 수 있듯이 특수한 조건에서는 서로 충돌하는 것도 있다. 이러한 모순은 인간과 국가의 존속을 위해 우선적으로 보호해야 할 권리가 무엇인가에 대한 깊이 있는 통찰이 필요하다. 우리나라의 헌법은 대체로 자유권, 정치권, 사회권, 환경권의 순서로 국민의 권리를 규정하고 있는데 이 순서가 대한민국이 판단하는 권리의 중요도에 대한 잠정적인 평가다(최현 2008). 우리나라 헌법에서 환경권은 35조에 권리 중에서는 거의 마지막에 규정되어 있다. 이것은 환경권이 여전히 중요한 권리로 인정받지 못하고 있다는 것을 보여준다.

② 보편주의적 권리와 특수주의적 권리 사이의 모순: 인권은 보편주의를 그 핵심으로 하는 자연법에서 출발했다. 따라서 권리는 모

든 사람들에게 적용되는 보편적 지위였다. 따라서 모든 사람들은 같
은 권리를 가져야 한다고 생각했다. 그런데 여성운동은 이러한 보편
주의적 인권관에 심각한 문제를 제기했다. 여성운동가들은 여성과
남성은 다른 권리를 가져야 한다고 주장했다. 여성들에게는 남성들
과는 달리 모성, 양육, 섹슈얼리티, 자기 몸의 통제할 권한을 보호받
을 필요가 있다는 것이다. 예를 들면 1930년대 일본에서 여성들은
제국의 더 큰 이익을 위해 아이를 낳으라고 강요 받았고, 현대 미국
에서도 1970년대 중반까지 여성들은 낙태를 금지 당했고 현재도 낙
태권을 제한 당하고 있다. 보편주의적 인권이 전혀 고려하지 않았던
성적 자기결정권, 자기 몸에 대한 통제권, 임신·출산 등 재생산권,
임신 선택권의 중요성을 제기함으로써 여성운동은 특수주의적 인
권에 대한 논의에 불을 지폈다. 현재는 여성만이 아니라 장애인, 문
화적 소수자, 성적 소수자 등이 특수주의적 인권의 문제를 제기하고
있다. 인권의 특수성을 인정하는 것은 보편주의를 훼손시키는 것이
아닌가를 둘러싼 심각한 논쟁이 벌어지고 있다(최현 2008). 우리나
라 헌법은 36조 2항에서 모성보호권을 규정하고 있는데, 이것은 권
리 항목 중에서 마지막 항목이다.

③ 인권과 시민권 사이의 모순: 인권은 보편주의를 내세워서 지
연 또는 혈연에 의한 차별을 부당한 것으로 비판하면서 발전했다.
그런데 아이러니하게도 인권을 실현한 시민권은 혈연과 지연을 기
본적 원리로 포함하고 있다. 즉 모든 국가는 혈통주의 또는 출생지
주의에 따라 시민권을 부여하는데 이것은 시민권의 모순을 극명하
게 보여준다. 보편주의의 대변자인 시민권이 전근대적 혈연·지연에
얽매여 있는 것이다. 이 문제를 해결하기 위해 지구적 시민권의 문

제가 제기되기도 하는데, 그것을 어떻게 실현할 것인가를 둘러싸고
는 분명한 전망이 아직 없다(최현 2008).

④ 자유주의적 인권과 공화주의적 인권: 앞에서 언급했듯이 인권
은 자유주의의 영향 아래 간섭 받지 않을 자유로 인권을 간주해 왔
다. 하지만 최근에는 공화주의의 비판에 따라 비지배 자유가 권리
개념에서 중요하게 부각되고 있다. 현재 우리나라 헌법은 자유주의
의 영향에 따라 자유권을 상대적으로 중시하고 있는데, 공화주의가
강화된다면 권리의 서열에도 변화가 필요할 것이다. 이런 점에서 자
유주의적 인권과 공화주의적 인권 사이에는 갈등의 여지가 있다(라
보르드 2009).

⑤ 자유권과 환경권: 서구적인 자유권의 핵심은 인간의 독립성과
가능성을 보호하고 확장하는 것이다. 그리고 인간의 가능성을 확장
하는 것은 발전이라는 개념과 밀접한 연관성을 갖는다. 따라서 자유
권은 무한한 인간능력의 확장과 자연의 정복을 내포하고 있었다고
할 수 있다. 1992년에야 유엔환경개발회의가 「환경과 발전에 관한
리우데자네이루 선언」을 채택할 수 있었던 것도 개발을 최고의 선
으로 추앙하고 자유권을 우위에 둔 채 환경권을 과소평가했던 서구
적 사고방식과 밀접한 연관이 있다(이샤이 2008). 이러한 서구적 인
권관은 우리에게도 큰 영향을 미쳐서 우리나라 헌법도 환경권을 최
소한노도만 인정하고 있다. 그 결과 우리나라 곳곳에서 벌어지고 있
는 개발업자들과 환경주의자들의 충돌과 법적 투쟁은 대개 환경권
에 대한 재산권의 승리로 끝나 왔다. 하지만 인간과 자연에 대한 보
다 깊이 있고 종합적인 통찰과 공동자원론 등 자연의 지속가능한 관
리의 사례 연구는 우리가 환경권에 재산권을 종속시키지 않으면 생

존마저 위협받을 수 있다는 진실에 이르게 한다. 공동자원의 공정한 관리 사례를 통해 확인할 수 있듯이 인간은 재산권의 한계를 분명히 하고 자연의 혜택을 공정하게 분배함으로써 공화주의적 자유를 확대하고 자연을 지속가능하게 관리할 수 있다. 생명권과 행복추구권과 직결되는 환경권은 적어도 재산권에 앞서야 하며 신체의 자유와 같은 수준에서 중시되어야 할 것으로 보인다.

지금까지 헌법과 시민의 관계, 그리고 우리 헌법의 중요한 원리인 민주주의, 공화주의, 인권을 검토해 보았다. 민주주의와 공화주의, 인권 사이에는 공유하는 부분이 많지만, 또 중요한 차이들이 나타난다. 우리는 앞으로 생태주의를 헌법의 주요한 원리로 추가할 필요가 있다고 생각하는데, 생태주의 역시 민주주의, 공화주의, 인권과 통하는 부분도 있지만 충돌하는 부분도 있을 수 있다. 우리가 어떤 원리를 보다 중요하고 근본적인 것으로 보느냐에 따라 헌법의 전문이나 구성, 그리고 조문에 그러한 평가가 반영될 수밖에 없다. 그리고 헌법적 원리의 차이는 우리 국가 또는 정치 공동체를 조직하고 운영하는 원리의 차이를 가져올 수밖에 없다. 어떤 원리를 최우선적으로 고려하는 것이 필요한가를 파악하기 위해 우리는 우선 극단적으로 사고하는 것이 필요하다. 다시 말해 각각의 원리가 지향하는 바를 분명하게 이해해야 하는 것이다.

   공동자원론, 생태헌법을 제안한다

참고문헌

고병권. 2011.『민주주의란 무엇인가』. 그린비.

권민석. 2013. 감사원 '4대강 감사' 논란…"정치적 독립해야". YTN. 7월 18일.

http://www.ytn.co.kr/_ln/0101_201307180512105583

김경희. 2009.『공화주의』. 책세상.

김일영. 2010.『건국과 부국』. 기파랑.

라보르드(Cecil Laborde) 외. 2009.『공화주의와 정치이론』. 곽준혁·조계원·홍승헌 옮김. 까치.

비롤리(Maurizio Viroli). 2006.『공화주의』. 김경희 옮김. 인간사랑.

성낙인. 2012.『헌법학입문』. 법문당.

스위프트(Adam Swift). 2011.『정치의 생각』. 김비환 옮김. 개마고원.

오승철. 2011.『헌법이야기』. 태윤당.

이샤이(Michelline Ishay). 2008.『세계인권사상사』. 조효제 옮김. 길.

최현. 2008.『인권』. 책세상.

최현. 2010.「공동체와 시민」.『시민교육 현장 지침서』, 12-34쪽, 민주화운동기념사업회 교육사업국 엮음. 민주화운동기념사업회.

헬드(David Held). 2010.『민주주의의 모델들』. 박찬표 옮김. 후마니타스

02

개헌, 민주화의 민주화, 생태복지국가

홍성태(상지대학교 문화콘텐츠학과)

Ⅰ. 개헌 논의의 필요

20016년 9월 20일 〈한겨레〉가 최순실에 관한 의혹을 처음 보도하고 박근혜와 최순실에 관한 의혹이 계속 드러났다. 그러자 박근혜는 2016년 10월 24일 의회 연설을 통해 돌연 '개헌'을 제기했다. 박근혜는 가장 거대한 정치적 논의사항인 개헌을 제기해서 자신의 문제를 은폐하고 정치권을 분연과 혼란으로 몰아넣고 '비리 세력'의 영구집권을 추구했던 것이다. 그러나 박근혜의 '꼼수'는 너무나 한심한 것이었고 국민들의 촛불로 그 어둠은 낱낱이 밝혀졌다. 2017년 5월 9일 대통령 선거를 통해 19대 대통령에 선출된 문재인 대통령은 공약했던 것처럼 2018년 6월의 '지방선거' 때 개헌을 추진하겠다는 뜻을 다시 밝혔다. 이로써 개헌은 실질적으로 긴박한 정치 의제가 되었다.

사실 2005년 중반부터 헌법을 개정해야 한다는 논의가 적극 이루어지기 시작했다. '함께하는 시민행동'이라는 시민단체와 〈창작과 비평〉을 내는 출판사 '창비사'가 함께 추진했던 개헌논의가 대표적인 예일 것이다. 이 논의는 현재의 헌정체제를 '87년 체제'라고 부르고, 이 체제의 시대적 한계를 넘어서야 할 필요를 강조했다. '87년 체제'란 '1987년 6월 민주 항쟁'을 통해 이루어진 체제라는 뜻이다. 잘 알다시피 '1987년 6월 민주 항쟁'은 1961년 5월 16일 박정희의 군사 쿠데타로부터 시작된 군부독재를 종식시켰다. 이로써 한국에서는 비로소 실질적인 '헌정'이 재개될 수 있게 되었다. 그러나 그것은 여러 한계를 안고 있는 것이기도 했다. 이런 점에서 현재의 '87년 헌법'은 분명 개정될 필요가 있다.

'참여정부'(2003년 2월~2008년 2월)의 4년차가 시작된 2006년 봄까지는 개헌에 관해서 아직 본격적인 논의가 이루어지지 않았지만, 정계, 학계, 시민사회에서 다각적인 논의가 이루어지고 있기는 했다. 2006년 5월 31일의 지방선거 이후에는 개헌 논의가 본격적으로 이루어질 것으로 보였으나, 일부에서는 개헌 논의가 제대로 이루어지지 않을 것으로 보기도 했다. 당시 여당이었던 '열린우리당'(2003년 11월~2007년 8월)도 최대 야당이었던 '한나라당'(2006년 10월~2012년 4월)도 개헌과 관련해서 명확한 이해관계를 가지고 있지 않았기 때문이다. '87년 헌법'이 반민주적이라는 비판을 받고 있던 것도 아니었고, 두 거대정당은 '87년 헌법'에서도 얼마든지 권력게임을 벌일 수 있었다. 두 거대정당이 개헌에 큰 관심을 기울이지 않는다면, 결국 개헌은 일부의 논의로 그치고 말 상황이었다.

그러나 '87년 헌법'의 대통령 임기 5년 규정과 국회의원 임기 4년 규정에 따른 대통령 선거와 국회의원 선거의 불일치로 말미암은 각종 비용의 문제는 결코 쉽게 무시할 수 있는 것이 아니다. '87년 헌법'은 권력구조의 면에서도 적지 않은 문제가 있다. 대법원장을 대통령이 국회의 동의를 얻어 임명하는 것에서 잘 드러나듯이 민주주의의 정치적 기본인 '삼권분립' 자체가 올바로 규정되어 있지 않다. 개헌을 통해 한국 사회가 나아가야 할 방향과 이루어야 할 목표를 다시금 정립할 필요가 있다. '민주화의 민주화'[1]라는 과제를 올바로 추구할 수 있도록 헌법을 고칠 필요가 있다. 개헌 논의를 어떤 방식으로 할 것인가에 대한 대응은 구체적인 정세에 따라 상당히 유동적으로 변할 수밖에 없다. 그러나 우리가 추구해야 할 개헌의 내용은 구체적인 정세와 크게 연관되지 않는다. 우리는 이런 점을 염두에 두고 개헌의 필요, 내용, 방식 등에 큰 관심을 기울일 필요가 있다.

헌법은 국가의 성격을 규정하는 최상위 법이다. 따라서 개헌은 국가의 구성과 운영에 지대한 영향을 미치게 된다. 헌법의 제정과 내용, 그리고 그 준수 여부에 따라서 민주주의의 질이 상당한 정도

---

1 민주화는 모든 구성원이 평등한 권리의 주체로 살아가게 되는 사회를 만드는 것이다. 이렇게 되기 위해서는 정치와 사회가 투명화-합리화되어야 한다. 민주화는 그 원리에 의해 좋은 사회를 추구하게 되어 있는 것이다. 그런데 시대의 변화에 따라 민주화의 과제는 계속 확장된다. 예컨대 민주화는 자유권으로 시작되어 사회권으로, 생태권으로 확장되어갔다. 이렇듯 민주화는 좋은 사회를 향한 영속적 과정이다. '영속적 민주화'(permanent democratization)는 민주화의 원리를 자신에게 적용시켜 좋은 사회를 향한 변화를 계속 추동하는 '민주화의 민주화'(democratization of democratization)로 구현된다(홍성태 2009).

로 결정된다. 따라서 어떤 상황에서도 학계와 시민사회는 헌법에 깊은 관심을 기울여야 한다. 현재의 헌법은 1987년 10월 29일에 공포된 '9차 개정헌법'이다. 잘 알다시피 우리의 헌법 개정사는 40년에 걸친 이승만-박정희-전두환 독재의 문제를 고스란히 반영한다. 그러나 9차 개정헌법은 1987년 6월 민주항쟁의 역사적 산물이었다는 점에서 큰 의미를 지니고 있다.[2] 이 헌법은 전문[3], 제1장 총강, 제2장 국민의 권리와 의무, 제3장 국회, 제4장 정부(제1절 대통령, 제2절 행정부(국무총리와 국무위원, 국무회의, 행정각부, 감사원), 제5장 법원, 제6장 헌법재판소, 제7장 선거관리, 제8장 지방자치, 제9장

---

2 그 핵심은 바로 '대통령 직선제'이다. 박정희는 1971년 4월 27일의 대통령 선거에서 김대중에게 사실상 졌다. 그러자 1972년 10월에 '유신 쿠데타'를 감행해서 헌법을 폐지하고 이른바 '유신 헌법'을 제정했다. 그러나 이것은 헌법의 탈을 쓴 반헌법일 뿐으로 이로써 박정희는 대통령의 탈을 쓴 완전한 독재자가 되었다. 전두환은 1979년 12월 12일 군사반란을 일으켜서 권력을 찬탈했는데, 1980년 봄에 거센 저항운동이 펼쳐지자 5월 17일 제2 군사반란을 일으켰고, 이에 맞서 5월 18일 전남 광주에서 일어난 학생과 시민의 민주화 시위를 무참한 학살로 진압했다. 전두환의 광주 학살은 5월 18일부터 27일까지 열흘에 걸쳐 자행되었다. 전두환은 이렇게 참혹한 학살을 저질러서 권력을 쥐고 '유신 헌법'을 조금 바꿔서 박정희처럼 대통령의 탈을 쓴 완전한 독재자가 되었다. '대통령 직선제'는 박정희와 전두환이 총칼로 가로막은 국민 주권의 직접 구현을 달성하기 위한 가장 명확한 길이었으며, 박정희와 전두환에 의해 수백 명이 죽음을 당하고 비로소 이룰 수 있었던 역사적 성과였다. '대통령 직선제'가 내각제에 비해 폄하될 이유는 전혀 없다. '대통령제'는 '내각제'보다 훨씬 더 좋은 정치체제일 수 있으며, '대통령 직선제'는 민주주의의 실현이라는 면에서 '내각제'보다 훨씬 더 좋은 방식이다.

3 전문은 3·1운동, 임시정부, 4·19민주이념의 계승을 밝히고 있다. 그렇다면 안중근, 유관순, 김구, 김주열, 김수영, 윤상원, 박관현, 박종철, 이한열 등의 모습을 담은 화폐를 발행해도 좋지 않을까? 개헌 논의 과정에서 전문에 담긴 역사를 기념하는 방식에 관한 문화정치적 논의도 활발히 이루어지기를 바란다.

  공동자원론, 생태헌법을 제안한다

경제, 제10장 헌법개정, 부칙으로 되어 있다.

오늘날 우리는 인류가 공멸할 수도 있는 '생태위기'의 시대를 살고 있다. 지구 온난화와 미세먼지의 문제는 이미 우리가 현실에서 체감하는 실질적 공포가 되었다. '87년 민주 헌법'을 개정하는 새로운 헌법은 이 무서운 현실에 대한 적극적 대응을 추구해야 한다. 새로운 '민주화의 민주화'는 생태위기라는 가장 보편적인 인류의 과제를 해결하는 것으로 이루어질 수 있다. '생태위기'는 기존의 정치, 경제, 사회의 전 분야에 걸쳐서 쇄신과 갱신을 요청한다. 이에 대한 적극적, 전면적 대응을 헌법에 담는 것은 너무나 당연한 시대적 요청이다. 이미 2005-2006년에 이 요청이 처음 제기되었는데, 이제는 이 요청을 더 이상 무시해서는 안 되는 상태에 이르렀다. '생태헌법'은 절박한 현실의 과제이다.

Ⅱ. 개헌 논의의 배경과 방향

우선 개헌 논의의 배경과 방향에 대해 대략적으로 살펴보도록 하자. 이것은 크게 정치적 차원과 사회적 차원으로 나누어 살펴볼 수 있다. 그런데 정치는 결국 사회를 위해 존재하는 것이다. 정치는 어디까지나 사회를 위한 수단일 뿐이다. 따라서 우리는 개헌 논의를 무엇보다 한국 사회의 발전이라는 맥락에서 검토할 필요가 있다.

먼저 정치적 차원. 첫째, 각종 정치비용의 문제이다. 예컨대 대통령은 5년 단임제이고 국회의원은 4년제이다. 두 선거의 불일치에서 발생하는 비용이 대단히 크다. 대통령 선거로 나라 전체가 들썩이는 혼란을 겪고, 1~2년 지나서 이번에는 국회의원 선거로 다시 한번 비슷한 정치적 홍역을 치러야 한다. 이로 말미암아 발생하는 더 큰 문제는 정치의 안정성이 심각하게 저해될 수 있다는 것이다. 대통령 선거가 끝나면 국회의원 선거를 바라보고, 국회의원 선거가 끝나면 대통령 선거를 바라보기 때문이다. 이런 문제를 줄이기 위해 대통령 선거와 국회의원 선거를 같은 해에 치르도록 할 필요가 있는데, 현재의 헌법에서는 그렇게 할 수 있는 기회가 20년에 한번 찾아온다. 2008년이 그 해였다. 2008년 2월에 새 대통령의 임기가 시작됐고, 4월에 국회의원 선거가 열리게 됐다. 당시 개헌 논의의 직접적 계기는 여기에 있었다. 이에 대한 논의는 대통령의 임기를 4년으로 줄이고 한번 연임할 수 있도록 하는 '4년 중임제'를 중심으로 이루어졌다.

둘째, 권력구조의 문제이다. 현재의 헌법은 '대통령제'를 채택하고 있다. 그러나 사실 우리의 대통령제는 기형적이다. 잘 알다시피 대통령제는 대통령이 모든 행정을 관장하고 책임지는 체제이다. 그러나 우리의 대통령제는 그렇지 않다. 국무총리라는 자리가 그것을 단적으로 보여준다. '책임총리'라는 것은 사실 이런 문제를 더욱 강화하는 것이다. 대통령제를 올바로 확립하려면 국무총리라는 자리를 없애고 행정부 수반으로서 대통령의 권한과 책임을 더욱 명확하게 확립해야 한다. 또한 국회와 대통령의 관계에서도 중대한 문제가 있다. 국회는 대통령 탄핵권을 가지고 있지만, 대통령은 국회 해산권을 가지고 있지 않다. 국회는 대통령을 강력히 견제할 수 있지만, 대통령은 그렇게 할 수 없는 것이다. 이러한 두 가지 문제에서 알 수 있듯이 현재의 헌법은 대통령제를 채택하고 있지만, 사실 그것은 내각책임제의 요소를 상당한 정도로 포함하고 있다. 국무총리라는 자리는 박정희 정권이 독재를 은폐하기 위해 만든 것이고, 국회의 대통령 탄핵권은 대통령을 견제하기 현재의 헌법에서 신설된 것이다. 올바른 대통령제라는 관점에서 보자면, 두 제도가 모두 문제를 안고 있다. 이에 관한 논의는 대통령제의 정상화와 내각제로의 전환을 중심으로 이루어지고 있다.[4]

다음으로 사회적 차원. 첫째, 기본권 확대의 문제이다. 1987년의 6월 민주 항쟁은 20여년에 걸친 고도성장과 민주화운동을 통해 변화한 한국 사회의 내적 요구가 분출된 역사적 사건이었다. 그로부터 20년 가까운 시간이 지나면서 한국 사회는 또 다시 거대한 변화를 경험했다. 경제성장은 더욱 크게 이루어져서 2004년을 지나며 한국의 경제규모는 무려 세계 10위에 이르렀다. 국토의 크기로는 세계 109위밖에 되지 않는 작은 나라가 세계 10위의 경제력을 가지게 된 것이다. 또한 정치적 민주화도 계속 추진되어 민주개혁세력이 보수수구세력을 누르고 계속 정권을 잡았을 뿐만 아니라 2004년 3월의 탄핵사태도 민주주의를 지키고자 하는 국민의 힘으로 슬기롭게 극복할 수 있었다. 그러나 이런 변화에도 불구하고 표현의 자유를 비롯해서 주거권과 같은 기본권은 여전히 충실히 보장되지 않고 있다. 특히 주거권은 사실상 기본권으로 다루어지지 않고 있다. 그 결과 자기 집을 가지지 못한 사람들은 물론이고 자기 집을 가진 사람들도 '강제수용'에 속수무책인 상태이다.

---

4 2016년 12월 9일 오후 4시 10분 국회에서 박근혜 탄핵안을 가결했다. 이어서 2017년 3월 10일 헌법재판소에서 박근혜 탄핵안을 만장일치로 판결했다. 이로써 박근혜는 대통령직에서 쫓겨났고 3월 31일 구속됐다. 이것은 '87년 헌법'의 민주적 잠재력을 잘 보여준 역사적 사건이다.

둘째, 세계 10위권의 경제대국이 되었으나 사회 양극화와 자연의 파괴는 갈수록 심해지고 있다. 성장주의의 주장은 잘못되었다는 사실이 갈수록 분명하게 밝혀지고 있다. 2000년대에 들어와서 한국 경제는 계속 크게 성장했으나 빈부격차는 더욱 심해졌다. 2008~16년의 '이명박근혜'의 9년 동안 더욱 더 심해졌다. 한나라당-새누리당의 이명박근혜 비리 정권은 수단과 방법을 가리지 않고 이익을 추구하는 비리 세력의 정권이었기 때문이다.[5] 상층의 소득은 크게 늘었으나 하층의 소득은 오히려 크게 줄었다. 비정규직 노동자가 전체 노동자의 60%를 넘어섰고, 모든 도시에서 노숙자가 갈수록 늘어나고 있다.[6] 경제의 지속적 성장을 위해서도 복지에 투자하는 것이 불

---

5 이들을 흔히 '보수 세력'이라고 부르지만 이들은 '보수 참칭 비리'(보참비) 세력이다. '보수 세력'은 자유주의를 기반으로 민주주의와 민족주의를 추구하지만 이들은 이익을 위해 독재와 매국을 추구하기 때문이다.

6 현대 사회는 대다수 구성원들이 노동의 댓가로 살아가는 '노동 사회'이다. 현재 '노동 사회'의 가장 큰 문제는 소수의 안정된 정규직과 다수의 불안정한 비정규직으로 노동자 계급의 양극화가 진행되는 것이다. 이런 점에서 모든 노동자의 동질성을 전제로 한 19세기의 노동자 진보론은 이제 분명히 시대착오적이고 잘못된 것이다. 2017년 4월 기아자동차 노조가 비정규직의 노조원 자격을 박탈한 것도 그 중요한 예이다. 노동자가 자본가/경영자에 비해 약자인 것은 사실이지만 노동자의 권리는 여러 법들에 의해 강력히 보호되고 있기도 하다. 대기업 정규직 노동자는 비정규직 노동자나 납품업자들에게 권력을 행사하기도 한다. 곳곳에서 노동자들이 여러 비리의 주체로 나타나고 있기도 하다. 이런 사실들에서 잘 알 수 있듯이 노동자를 지키는 것이 곧 사회를 지키고 진보를 이루는 것이 아니다. 구조적 약자로서 노동자를 지키는 것은 중요하지만 노동자가 시민으로서 살아가는 것이 더욱 더 중요하다. 현대 사회는 모든 구성원이 민주주의의 주체인 시민으로 살아가는 '시민 사회'이며, '시민 사회'의 전제 위에서 '노동 사회'가 운영되는 것이다.

가피한 상황에 이르렀다. 사실 복지는 단순한 소비가 아니라 사회의 발전을 위한 투자이다. 경제의 질적 향상을 이루기 위해서는 사회의 질적 향상을 이루어야 하기 때문이다. 그런데 여기서 비리 문제에 크게 주의해야 한다. 사회 질은 청렴도와 복지도를 두 축으로 확인할 수 있다. 한국은 OECD에서 최악의 청렴도와 복지도를 보이고 있다. 경제력에 비해 사회 질이 너무나 낮은 것이다. 청렴도와 복지도에서 더욱 기본적인 것은 청렴도이다.[7] '세월호 대참사'와 '가습기 살균제 대참사'에서 너무나 처참히 입증된 비리 문제의 심각성을 잊지 말아야 한다. 또한 경제력은 세계 10위에 이르렀지만 환경의 질은 100위에도 이르지 못하는 후진성을 보여주고 있다. 전국 곳곳에서 소중한 자연을 파괴하는 수많은 공사들이 벌어지고 있으며, 각종 오염으로 말미암은 환경병 환자들이 갈수록 크게 늘어나고 있다. 이명박근혜 비리 정권의 '4대강 죽이기'는 너무나 명확한 예이다. 후진적 파괴형 경제를 선진적 보존형 경제로 바꾸는 것은 더 이상 미룰 수 없는 절박한 과제이다. 이제 이런 상황을 종합적으로 검토해서 이 나라의 장기적 발전전망을 세워야 할 때가 되었다. 그것은 비리 세력을 혁파하고 노동과 자연에 대한 이중의 착취을 넘어서 생태복지국가를 향해 나아가는 것이어야 한다.[8]

---

7 이 문제도 역시 이명박근혜 비리 정권 9년 동안 계속 악화되었다. 2014년 4월의 '세월호 대참사'가 처참히 입증했듯이 관피아, 경피아, 검피아, 법피아, 정피아 등 모든 행정-권력 기구들이 사실상 마피아 조직처럼 작동하면 모든 제도가 무력해지며 일어나지 않아야 할 사고가 일어나고 만다. 복지만을 얘기하고 비리에 대해 얘기하지 않는 것은 감나무 밑에 누워서 감이 익어 떨어지기만을 기다리는 것처럼 어리석고 어리석은 것이다.

8 이것은 이제까지 우리가 이룬 민주화에 대한 평가와 관련된다. 이제까지 민

Ⅲ. 개헌 논의의 지형

개헌에 관한 논의는 크게 정치권과 시민사회로 나누어 제기되었다. 먼저 정치권의 태도는 크게 두 가지로 나누어 볼 수 있다. 첫째, 적극론이다. 각종 비용과 권력구조의 문제를 해결하기 위해 개헌은 불가피하다는 것이다. 그러나 정치세력들 간의 정치적 계산이 대단히 복잡하기 때문에 아직 큰 힘을 받지는 못하고 있다.[9] 적극론은 '정략'이라는 비난을 받고 있기도 하다. 특히 내각제에 관한 논의는 지

주화는 주로 정권의 민주화를 핵심으로 하는 '정치적 민주화'로 이루어졌다. 그 핵심은 독재의 폭력을 해체하는 것이다. 그러나 독재는 단순히 폭력으로 이루어지지 않았다. 각종 개발기구를 내세워 개발주의를 확산하는 '개발독재'이기도 했던 것이다. 그런데 정치적 민주화에 대한 편향 속에서 이 문제는 해결되기는커녕 오히려 크게 악화되었다. 새만금 간척사업이나 핵폐기장을 둘러싼 논란에서 잘 드러났듯이 '민주화 세력'은 '개발독재 세력'과 별로 다르지 않았다. 사실 박정희가 '개발독재'를 위해 설립한 각종 개발기구들은 개혁되지 않았고 오히려 민주화 동안에도 지속적으로 '확대재생산'되었다. 이런 불구적 민주화는 결국 민주화의 이름으로 개발독재를 확대재생산하는 결과를 낳았다. 그 결과 이 나라는 환경질이 세계 100위에도 크게 미치지 못하는 '파괴강산'이 되었고, 나아가 경제마저 토건세력이 좌우하는 허약한 '토건국가' 경제가 되고 말았다. 민주화에 대한 인식 자체의 생태적 전환이 절실하다. 개발독재 문제를 혁파하지 않고 공고한 민주화는 불가능하다.

9   2016년 10월 24일 박근혜는 국회 연설에서 '개헌'의 필요를 공표했다. 2016년 9월 20일 〈한겨레〉가 '최순실'에 대해 보도한 것을 계기로 바야흐로 '박근혜-최순실 게이트'의 실체가 드러나고 있던 참이었다. 박근혜-새누리 비리 정권은 이런 상황을 타파하고 영구집권하기 위한 술책으로 개헌을 제기하고 나섰던 것이다. 그러나 다수의 국민들은 이 책략에 속지 않았다. 2016년 10월 29일 서울 광화문 광장에서 마침내 '박근혜-최순실 게이트'의 수사를 촉구하는 촛불집회가 열렸다.

속적으로 그런 비난을 받아왔다.[10] 현행 대통령제가 내각제의 요소를 상당히 포함하고 있는 절충적 상태에 있다는 점에서 이것은 기이한 비난이라고 할 수 있다. 또한 이것은 한국 정치를 지배하는 '이중의 불신구조', 곧 정치세력 사이의 불신과 정치세력에 대한 국민의 불신을 보여주는 것이기도 하다. 따라서 실질적인 정치개혁이라는 관점을 확고히 세우지 못한다면, 적극론은 '이중의 불신구조'를 더욱 강화하는 결과를 빚고 말 것이다.

둘째, 신중론이다. 현재의 상태에서 개헌 논의는 불필요한 정치적 논란을 일으키고, 대선전략에도 심각한 영향을 미칠 것이기 때문에 신중해야 한다는 것이다. 사실 신중론은 '현상유지'를 추구하는 '유보론'으로 비칠 수 있다. 현재 정치구조의 기득권 세력은 자신의 위치를 유지하고 확대하기 위해 헌법의 문제를 그대로 덮어두려고 하기 쉽다. 이런 점에서 유보론은 현재의 헌법이 안고 있는 정치적 불안정성과 비용의 문제에 대해 무책임한 태도라는 비판을 받을 수 있다. 한국 정치에서 가장 부족한 것이 바로 '책임'이다. 헌법에 대해서도 무책임한 태도를 보이는 것은 큰 문제가 아닐 수 없다. 유보론을 취하는 쪽에서도 현행 헌법에 대한 구체적인 의견을 제출해야 할 것이다. 막연히 정치적 불안을 조장하는 식의 발언으로 개헌의 필요

---

10 박근혜-새누리 세력은 내각제나 이원집정제를 제시했다. 비리 세력이 정치를 장악하고 있는 상황에서 이것은 영남 비리 세력과 호남 비리 세력이 결탁해서 비리 세력의 영구집권을 이루겠다는 책략일 뿐이다. 2017년 4월 10일 심상정 정의당 대표 겸 대통령 후보는 대통령 임기단축과 내각제 개헌의 필요를 공표했다. 이에 대해 대통령에 당선되거나 주요 '연정' 상대가 될 수 없는 정의당이 비리 세력의 영구집권 책략에 동조해서 자기 지분을 확보하려는 것이라는 비판이 강력히 제기되었다.

성을 부정하는 태도는 정치적으로 크게 잘못된 것이다. 그런데 2017년 5월의 대선을 계기로 정치권의 개헌 유보론은 사실상 해소되고 본격적인 개헌 논의를 준비하게 되었다. 그러나 '촛불집회'는 시종 '적폐 청산'을 기초로 '국가 개혁'을 추구해야 하며, 이런 전제 위에서 개헌은 신중하게 진행되어야 한다고 요구했다. 정치권의 개헌 논의는 신중론에 입각해서 투명하게 이루어져야 한다.

시민사회의 태도도 역시 크게 두 가지로 나누어 살펴볼 수 있다. 첫째, 적극론이다. 이 입장을 대표하는 것은 이른바 '87년 체제론'이다. 이 입장은 '87년 체제'를 독재세력과 민주세력의 타협의 산물로 본다. 2006년의 개헌 논의를 보면, 역사적으로 그것은 진보적 구실을 했으나 이제는 그 소명을 다했으므로 개헌으로 더욱 민주적인 '06년 체제'를 만들자는 것으로 나타났다.[11] 시민사회의 적극론에서 강조하는 것은 시민주권의 강화이다. 헌법의 개정과정을 비롯한 각종 정치과정에 시민의 참여를 더욱 확대할 수 있는 방안을 모색하는 것이 그 핵심이다. 사실 시민주권의 강화는 민주주의의 원리에서 당연한 요청이다. 문제는 그 방법이다. 따라서 이에 관한 논의를 더욱 다듬어서 구현하도록 할 노력할 필요가 있다. 물론 이것은 현행

---

11 2006년에 보수 쪽에서도 '87년 체제'를 제기했다. 한국의 보수 세력은 친일과 독재의 역사에 뿌리를 두고 있는 '가짜 보수' 세력으로서 '87년 체제'를 좌파적이라며 '색깔론'을 펼치고 친일과 독재를 옹호하는 '06년 체제'를 수립하고자 했다. 그 결과가 바로 이명박근혜 비리 정권이었다. 방송 장악과 '역사 왜곡 교과서'는 이런 맥락에서 추진되었던 것이다. 이제 우리에게는 우리의 경제력에 걸맞은 생태복지국가를 추구하는, 그렇게 해서 공고한 민주주의를 추구하는 '민주화의 민주화 세력'이 필요하다. '보참비'(보수 참칭 비리) 세력의 존재를 알리바이로 내세워 자신의 무능력과 취약성을 합리화하는 것은 결국 '보참비'를 강화할 뿐이다.

대통령제의 정상화를 포함한 대의제의 개혁방안과 긴밀히 연관되어야 할 것이다. 2016년 12월 일부의 학자, 운동가, 시민들이 촛불집회를 계기로 '시민의회'를 제기했는데 그 모호성과 위법성의 문제에 대해 강력한 비판이 쏟아졌다. 현대 사회에서 직접 민주주의는 간접 민주주의를 보완하는 것이며, 간접 민주주의를 통해 구현되는 것이다. 시민주권의 강화는 정당과 의회의 개혁을 통해 이루어질 수 있다. '보참비'가 지배 세력으로 발호하는 한, 시민주권의 강화는 결코 이루어질 수 없다.

둘째, 신중론이다. 이 입장에서는 한국의 민주화가 아직 충분히 깊고 넓게 이루어지지 않았으므로 다소 문제는 있어도 대통령과 의회 사이의 권력분점을 강화할 수 있는 '87년 헌법'의 의미가 퇴색되지 않았다고 본다. 따라서 대통령과 의회의 권력분점을 핵심으로 하는 '87년 헌법'의 개정은 대단히 신중하게 이루어져야 한다는 것이다. 사실 정치적으로 지역주의에 기반을 둔 반민주적 보참비 세력의 힘은 여전히 강고하다. 따라서 이런 상황에서 권력구조를 섣부르게 바꾸는 것은 반민주적 보참비의 힘을 더욱 강고하게 할 우려가 있다. 내각제나 이원집정제는 그 단적인 예이다. 한국의 본격적 민주화의 역사는 고작 김대중-노무현 민주정부 10년뿐이었다. 그나마도 개발독재 세력에 의해 포위된 상태에서 대단히 취약한 민주화로 진행되었다. 노무현의 죽음은 그 고통스런 상대의 비극적 결말이었다. 권력구조의 개편을 핵심으로 하는 개헌은 반드시 신중하게 이루어져야 한다. 보참비조차도 민주주의를 완전히 무시할 수는 없을 정도로 민주화는 이루어졌으나 그 실체는 여전히 취약하다. 또 다시 보참비가 권력을 장악하게 된다면, 이명박근혜 비리 정권의 반민주 독재화

보다 더욱 강력한 반민주 독재화가 강행될 수도 있다. 현행 헌법의 문제에 대해 신중하되 확고한 개정을 추구할 수 있기 위해서는 무엇보다 보참비 세력의 혁파를 염두에 두고 개헌 논의를 진행해야 할 것이다.

이렇듯 개헌에 대한 태도는 정치권과 시민사회에서 여러 가지로 나타나고 있다. 그러나 각각의 주장을 분명히 입증하기는 상당히 어렵다. 따라서 학계는 다양한 주체들의 폭넓은 논의를 더욱 활발히 조직할 필요가 있다. 이런 과정 자체가 헌법에 대한 인식을 넓히는 정치적 훈련의 과정이 되어야 할 것이다. 여전히 대다수 국민에게 헌법은 멀고 권력은 가깝기 때문이다. 헌법을 가까운 것으로 만들어야 한다. 개헌 논의는 국민들 속으로 확산되어야 하며, 민주화의 심화과정으로 발전되어야 한다.

Ⅳ. 개헌 논의의 주요 쟁점들

한국의 대표적인 시민운동단체인 참여연대는 2005년 9월부터 2006년 3월까지 사법구조, 권력구조, 기본권, 남북관계, 한국 사회의 전망 등의 주제로 개헌에 관한 연속 내부간담회를 가졌다. 현행 헌법의 특징은 무엇이며, 어떤 문제들을 안고 있는가에 대해 포괄적으로 검토하는 것이 일차적 목표였다. 물론 여기서 나아가 개헌 논의가 본격화될 경우에 대비한다는 목적도 있었다. 개헌이라는 중대한 문제를 정치권에만 맡겨둘 수는 없기 때문이었다. 당시의 논의는 지금도 여전히 유효하고 유용해 보인다.

간담회를 통해 많은 사항에 관해 토론이 이루어졌다. 사실 필자를 포함한 대다수 참여자들에게 이 연속 내부간담회는 처음으로 헌법을 심층적으로 공부하는 자리였다. 이 공부는 가능한 모든 사안에 걸쳐서 제기되었거나 제기될 수 있는 쟁점과 대안을 망라하는 방식으로 이루어졌다. 이렇게 해서 정리된 주요 내용은 다음과 같다. 자세한 설명은 생략하고 항목만을 제시하도록 한다. 아마도 이 항목들은 개헌과 관련된 논의에서 일반적으로 다루어야 할 내용이라고 할 수 있을 것이다. 따라서 이 항목들을 자료로 삼아 앞으로 더욱 심화된 개헌 논의를 이어갈 수 있기를 바란다.[12]

○ 총강 관련

  – 영토조항, 남북관계, 통일문제

  – 북한의 지위문제(국보법, 남북관계기본법 등과 관련하여)

  – 통일 이후 논란이 될 재산권 문제

---

[12] 헌법에서 다루는 사안들은 실로 다양하고 방대하며 모두 깊은 토론의 대상이 될 수 있다. 헌법 제1조 '대한민국은 민주공화국이다'도 심각한 토론의 대상이다. 사실 국가 명칭에 '공화국'이나 '민주공화국'을 표방하고 있는 국가도 흔하지 않다. 구태여 헌법 제1조에 '민주공화국'을 규정한 것은 다수자의 지배로부터 소수자의 권리도 적극 보장되는 것을 요구한 것이다. '공화국'은 19세기 중반에 일본의 학자가 republic을 번역한 것이고, republic은 res publica에서 온 말로 '모든 시민의 일'이라는 뜻이다. 이런 점에서 어원적으로 republic은 모두 구성원이 정치에 참여해서 권리를 보장받는 국가를 뜻한다. '공화'라는 말은 기원전 841년 중국 주나라의 귀족들이 폭군인 여왕(厲王)을 쫓아내고 함께 통치한 것에서 비롯된 말인데 말 자체는 모두 화합하는 것을 뜻한다.

○ 사법개혁 관련[13]

  - 배심제 도입문제, '법관에 의해 재판받을 권리'의 개정

  - 대법관, 헌법재판관 임명방식과 권한, 특히 대법원장 제청
    권한 문제

  - 대법원과 헌법재판소의 헌법재판기능 조정 문제

  - 검찰총장의 국회출석에 관한 문제

○ 권력구조 관련

  - 권력구조 개편의 필요성 여부: 현 체제 유지, 대통령 4년 중
    임제, 이원집정제, 내각제 등

  - 4년 중임제의 경우: 정·부통령제, 결선투표제 도입 여부

  - 정·부통령제 도입 시는 국무총리, 국무회의 등 폐지나 조정

  - 대통령의 국회해산권, 국무위원 인준투표권, 국회의 국무위
    원 해임결의권 등 재검토

  - 대선결선투표 도입 문제

  - 국회의원 정수 문제: 200명대로 유지하는 것의 문제, 300명
    대로 확장할 필요

---

13 이명박근혜 비리 정권 9년을 지나면서 가장 큰 문제로 떠오른 것은 흔히 말하는 '제왕적 대통령'이 아니라 검찰과 국정원이라는 권력기구의 전횡이었다. 국정원은 2012년 대통령 선거에도 개입했을 정도로 문제가 심각해서 폐지하고 신설하는 것이 옳을 것이며, 검찰은 공수처(고위공직자수사처)의 신설과 경찰의 수사권 확보를 통해 그 수사-기소권을 축소하는 것이 긴요한 과제이다. 이 과제들은 헌법 개정의 과제가 아니라 법률 개정의 과제이다. 이 나라의 개혁과 발전을 위해 법률을 올바로 제정하고 집행하게 하는 것이 헌법 개정보다 훨씬 더 긴요하고 실질적인 과제인 것이다.

- 국무위원 인준투표: 인사청문회 대상을 차관까지 확대, 국
  회 인준투표의 명문화 등

○ 기본권 관련
  - 행복을 추구할 권리, 인간다운 생활을 할 권리 등을 구체적
    권리로 규정할 방안
  - 사회복지에 관한 권리를 기본권으로 할 방안
  - 주거권, 문화권, 환경권 등의 강화

○ 경제개혁 관련
  - 경제 민주화, 토지공유 조항 등의 훼손 가능성
  - 재산권을 신성불가침의 권리로 오해하는 것의 문제

○ 기타
  - 감사원의 소속을 국회로 변경하는 문제
  - 국민투표의 요건을 명료화하는 문제
  - 국민소환, 주민소환, 주민발의제 등 직접민주주의 확대(외
    국사례 등 검토)
  - 속지주의, 속인주의 동시 추진 검토
  - 거주자 권리 개념 검토(선거권, 피선거권을 비국민 장기거
    주자로 확장하는 문제 등)
  - 순혈주의적 민족국가론 문제, 양성불평등 문제 등도 검토할
    필요

V. 경제개혁 관련 주요 쟁점

당시 참여연대는 경제개혁과 관련해서는 따로 간담회를 열지 않았다. 별로 다룰 내용이 많지 않았기 때문이다. 그러나 당시 보참비 쪽에서는 경제 관련 조항을 개정해야 한다고 공공연히 주장했다. 그 선봉에 선 것은 바로 재벌이었다. 그런데 한국의 재벌은 이른바 '총수체제'라는 전근대적 소유구조를 고집하고 있으며, 이 때문에 불법 상속, 탈세, 정경유착 등의 범죄를 버릇처럼 저지르고 있다. 재벌의 주장에 문제가 있으리라는 것은 이런 사실에서부터 짐작할 수 있을 것이다.

헌법의 경제 관련 조항은 '제9장 경제'에서 다루고 있으며, 그 핵심은 그 첫번째 조항인 제119조이다. 그 내용은 다음과 같다. 바로 저 유명한 '경제의 민주화' 조항이다.

> 제119조 ①대한민국의 경제질서는 개인과 기업의 경제상의 자유와 창의를 존중함을 기본으로 한다.
> ②국가는 균형있는 국민경제의 성장 및 안정과 적정한 소득의 분배를 유지하고, 시장의 지배와 경제력의 남용을 방지하며, 경제주체간의 조화를 통한 경제의 민주화를 위하여 경제에 관한 규제와 조정을 할 수 있다.

2006년에 재벌을 중심으로 한 재계에서는 제119조 2항을 폐지해야 한다는 주장을 강력히 펼쳤다. 다시 말해서 '균형있는 국민경제의 성장 및 안정'을 부정하고, '적정한 소득의 분배를 유지'하는 것에 반대하며, '시장의 지배와 경제력의 남용을 방지'하는 것에 반대하고, '경제주체간의 조화를 통한 경제의 민주화'에 반대했던 것이다. 그야말로 경제의 민주화를 완전히 무시하고 의 기업의 '사회적 책임'을 완전히 저버리겠다는 것이었다. 이런 재벌의 요구는 이명박근혜 비리 정권 9년 동안 강력히 추진되었다. 삼성을 비롯한 재벌은 그 댓가로 박근혜-최순실에게 수백억 원의 뇌물을 바쳤다.[14]

　　제119조의 2항은 경제와 관련한 국가의 공적 기능을 규정한 최소한의 내용이다. 따라서 이 조항을 폐지하는 것은 경제와 관련한 국가의 공적 기능을 폐지하는 것이며, 재벌/기업 비리와 양극화의 문제를 더욱 악화하여 이 나라를 그야말로 재벌이 지배하는 '재벌왕국'으로 만들 것이다. 제119조 2항을 폐지해야 한다는 재계의 주장은 최소한의 복지에 대해 반대하는 것일 뿐만 아니라 대기업과 중소기업의 공생을 부정하고 대기업의 우월적 지위를 무제한적으로 강화하겠다는 것이다. 따라서 이 '반사회적 주장'은 결코 '재계 일반'의 주장일 수 없으며, 어디까지나 재벌을 중심으로 한 대기업의 주장이다. 이런 반사회적 시도에 대해 시민사회는 높은 경각심을 가지고 결연한 태도로 강력히 맞서야 한다. 재벌은 보참비의 경제적 핵심으로서 보참비의 혁파는 재벌의 혁파를 뜻하기도 한다. 재벌이 투

14　재벌은 이명박 무리에게도 같은 짓을 했을 것으로 추정된다. 이상득, 최시중, 박영준 등의 처벌은 빙산의 일각일 뿐일 것이다, 그 진상은 정상 정권이 이루어야 할 '적폐 청산'과 '국가 개혁'의 핵심과제이다. 사실 '세월호 대참사'도 이명박 정권이 2008년 8월에 강행한 선박연령 규제 완화로 시작되었다. 이명박근혜 비리 정권은 규제 완화의 명목으로 재벌을 적극 지원하고 기업의 비리를 적극 조장했다.

명한 합법적 경영을 하지 않고 범죄조직처럼 경영된다면 당연히 범죄조직처럼 처벌받아야 할 것이다. 보참비는 '비리의 합법화'로 범죄를 정당화하려 한다. 이명박근혜 비리 정권과 재벌의 결탁으로 이 사실이 명확히 드러났다.

재벌은 재계의 이름으로 '신성불가침의 재산권' 운운하며 경제에 대한 국가의 개입 자체를 부정하곤 한다. 이것은 국가의 존재이유 자체를 부정하는 것으로 극히 반민주적 주장이지만, 우리의 헌법은 재산권을 신성불가침의 권리로 인정하지 않고 있다. 여기서 헌법 제23조를 보자.

> 제23조 ①모든 국민의 재산권은 보장된다. 그 내용과 한계는 법률로 정한다.
> ②재산권의 행사는 공공복리에 적합하도록 하여야 한다.
> ③공공필요에 의한 재산권의 수용·사용 또는 제한 및 그에 대한 보상은 법률로써 하되, 정당한 보상을 지급하여야 한다.

재산권도 사실 다른 사람들과의 관계 속에서 형성된 '사회권'이다. 따라서 그 규제는 당연한 것이다. '내가 번 돈 내 마음대로 쓴다'는 것은 이른바 '천민 자본주의'의 생각일 뿐이다. 돈을 멋대로 벌어도 안 되고 멋대로 써도 안 된다. 돈을 벌고 쓰는 것은 사실 법으로 엄격히 규제된다. 일찍이 막스 베버가 강력한 경멸적 의미로 쓴 '천민 자본주의'의 문제가 이 나라에서는 보참비의 발호에 의해 '비리 자본주의'의 문제로 더욱 더 악화되었다. 이 나라가 세계 10위의 경제대국이 되었으니, 한국의 자본가들도 '천민 자본가'에서 벗어날 때가 되었다. 사실 '천민 자본가'는 극심한 '비리 자본가'로서 엄벌받아야 할 대상이다.

여기에 덧붙여 부동산투기와 난개발로 말미암아 양극화가 강화되고 나라 전체가 황폐화하고 있는 '토건국가' 상황에 대응하기 위해 제120조와 제122조의 내용을 올바로 구현하도록 촉구해야 할 것이다.

> 제120조 ①광물 기타 중요한 지하자원·수산자원·수력과 경제상 이용할 수 있는 자연력은 법률이 정하는 바에 의하여 일정한 기간 그 채취·개발 또는 이용을 특허할 수 있다.
> ②국토와 자원은 국가의 보호를 받으며, 국가는 그 균형 있는 개발과 이용을 위하여 필요한 계획을 수립한다.

> 제122조 국가는 국민 모두의 생산 및 생활의 기반이 되는 국토의 효율적이고 균형있는 이용·개발과 보전을 위하여 법률이 정하는 바에 의하여 그에 관한 필요한 제한과 의무를 과할 수 있다.

'토건국가'란 정치권과 토건업의 유차을 통해 막대한 세금을 탕진하고 자연을 파괴하는 개발사업이 지속적으로 전개되는 국가를 뜻한다. 그런데 그 핵심적 주체에는 토지공사와 주택공사 등 개발사업을 전문적으로 맡고 있는 '공공기관'들도 포함된다. 헌법 120조와 122조를 공공기관이 앞서서 무력화하고 있는 것이다. 이에 대한 대책이 시급하다. 민주 정부가 이 문제에 올바로 대처하지 못하고 오히려 이용하려 했던 결과로 이명박근혜 비리 정권의 '4대강 죽이기'라는 희대의 망국적 토건사업마저 강행됐던 것이다.

또한 신자유주의와 '토건국가'의 강화 속에서 농업의 약화가 거의 농업의 포기로 이어지고 있는 상황에 대처해서 제121조를 지키는 것은 경제적으로 뿐만 아니라 생태적으로 대단히 중요한 과제가 되었다.

> 제121조 ①국가는 농지에 관하여 경자유전의 원칙이 달성될 수 있도록 노력하여야 하며, 농지의 소작제도는 금지된다.
> ②농업생산성의 제고와 농지의 합리적인 이용을 위하거나 불가피한 사정으로 발생하는 농지의 임대차와 위탁경영은 법률이 정하는 바에 의하여 인정된다.

'경자유전의 원칙'은 농민을 지킬 뿐만 아니라 농지를 지키기 위해서도 결정적으로 중요하다. 농지는 경제적 가치를 넘어서 막대한 문화적, 생태적 가치를 지닌다. 지구화를 이유로 제121조를 무력화하는 시도에 대해서도 강력한 시정조치가 이루어져야 한다.

Ⅵ. 생태복지국가를 향하여

2006년의 개헌 논의는 결국 잠재된 상태로 끝났다. 2007년의 대통령 선거에서 이명박이 당선되었고, 2012년의 대통령 선거에서 박근혜가 당선되었다. 그리고 2017년 5월의 대통령 선거를 계기로 다시 개헌 논의가 시작되었다. 사실 2016년 말~2017년 초의 개헌 논의는 2016년 10월에 박근혜 쪽이 박근혜-최순실 게이트에 대한 관심을 호도하고 영구집권을 획책하기 위해 시작했던 것이다. 김대중-노무현 민주 정부가 잘 보여주었듯이 지금 이 나라가 겪고 있는 문제는 '87년 헌법'의 대통령제에서 비롯되는 것이 아니라 보참비가 대통령으로 당선되는 것에서 비롯되는 것이다. 정말로 필요한 것은 보참비에 대한 처벌을 실질화하는 법률의 제개정과 그에 의한 정치의 정상화인 것이다.

정계는 주로 권력구조 개편에 초점을 맞춰서 개헌 논의에 임하고 있다. 이런 상황에서 학계와 시민사회는 권력구조 개편에 관한 논의가 기본권에 관한 논의를 압도하는 방식으로 개헌 논의가 전개되지 않도록 주의해야 한다. 권력은 삶을 위한 수단일 뿐이다. 권력구조 개편은 삶의 질을 높이기 위한 방법으로 행해지는 것이다. 이런 관계를 올바로 구현하기 위해서는 삶의 질에 관한 논의가 더욱 깊어지고 넓어져야 한다. 한국 사회는 여전히 삶의 양이 삶의 질을 보장한다는 근거없는 주장에 휘둘리고 있다. 보참비는 이런 잘못된 주장을 유포하며 권력을 전횡하고 발호한다. 이런 상황에서 벗어나기 위해 삶의 질을 높이는 것이 국가의 존재이유라는 것을 헌법에 명문화할 필요가 있다.

나는 '삶의 질을 높이기 위한 생태복지국가의 확립'을 개정 헌법의 기본목표로 제시하고 싶다. 헌법 개정은 권력구조 개편과 경제구조 개혁뿐만 아니라 기본권 확대를 3대 핵심으로 해서 추진되어야 하며, 그 결과 '좋은 사회'의 상을 확립하고 그곳으로 나아가기 위한 기본방향을 제시하는 것으로 마무리되어야 한다. 헌법은 '좋은 사회' 한국을 위한 지침이 되어야 한다. 나는 '생태복지국가eco-welfare state'를 우리가 추구해야 할 '좋은 사회'의 목표로 제시해 왔다. 복지국가는 인류가 이룬 최고의 사회적 성취이지만 생태위기를 극복하기 위해 그 생태적 전환이 절박한 과제가 되었다. 지구 온난화로 대표되는 생태위기에 적극 대처하지 못하면 인류의 역사는 21세기에 끝날 수 있다. 지금 우리는 극심한 비상상황에 처해 있다.

우리는 어떤 사회에서 살아가게 될 것인가? 1980년대 초에 발표된 호주의 영화 '매드 맥스'는 핵전쟁으로 피폐화된 인간의 모습을 제시했고, 이보다 몇 년 앞서 발표된 일본의 만화영화 '미래소년 코난'은 핵전쟁 뒤 햇빛발전과 자연농업에 의해 평화로운 삶을 살아가는 인간의 모습을 제시했다. 핵전쟁은 결코 일어나서는 안 되는 최악의 인공 재앙이며, 우리는 생태위기에 맞서서 '미래소년 코난'의 삶을 추구해야 할 것이다. 우리는 인류의 미래를 다음과 같이 정리해서 생각해 볼 수 있다.

표 1 　인류의 네 가지 미래 사회 전망

파괴적 신자유주의	현재의 파괴적 불평등 상태가 더욱 더 악화됨.
고전적 복지국가	구성원의 인간적 생활이 보장되나 이를 위해 자연의 파괴가 가속화되어 결국 생태위기의 악화에 이르게 됨.
생태적 복지국가	자연의 한계를 존중하는 전제 위에서 구성원의 인간적 생활을 보장하는 것을 추구해서 자연을 지키고 인간을 위하게 됨.
생태적 공동체	공업의 소멸 이후에 인류는 다시 생태적 공동체를 이루고 살아야 할 것이며, 현재의 생태적 공동체는 생태적 복지국가를 추동하는 지역의 동력이 될 수 있음.

출처: 홍성태, '생태위기와 생태론적 전환-새로운 생태사회를 향한 전망', 『문화과학』 16호, 1998; 홍성태, 『생태사회를 위하여』, 문화과학사, 2004.

'생태복지국가'는 '생태적 한계를 존중하면서 구성원들의 공생을 추구하는 국가'를 뜻한다. 우리는 서로 존중해야 할뿐만 아니라, 이를 위해서도 자연을 존중해야 한다. 여기서 우리는 무엇보다 '선진국'의 실태에 주목해야 한다. '선진국'이 되기 위해서는 정말로 '선진국'이 되고자 애써야 한다. 'OECD 기준'은 한국이 경제적으로는 '선진국'이지만 사회적으로, 생태적으로 '후진국'이라는 사실을 적나라하게 보여준다. '선진국'은 단순히 돈이 많은 나라가 아니라 사회적으로, 생태적으로 풍요로운 나라이다. 한국 사회는 이미 돈이 많은 사회이다. 그러나 그 돈을 올바로 쓰지 못하고 있어서 불평등 심화와 자연의 파괴라는 문제가 갈수록 악화되고 있다. 이런 상황을 극복하지 못하면, 한국 사회의 발전은 결코 이루어질 수 없다.

개헌 논의는 권력구조를 중심으로 한 기술적인 정략에 지배되지 않고 한국 사회의 발전과 관련된 포괄적인 평가와 전망의 논의로 진행되어야 한다. 학계와 시민사회는 개헌 논의가 이러한 심오한 논의의 계기가 될 수 있도록 개헌 논의에 임해야 한다. 권력구조는 수단이고 삶의 질이 목표라는 사실을 올바로 세우고 알리는 것이 무엇보다 중요하다. 올바른 개헌 논의를 위해서는 냉소가 아니라 열정이 필요하다. 2016~2017년의 촛불집회는 이 나라에 올바른 열정을 가진 시민들이 많다는 사실을 세계에 보여줬다. 촛불은 작지만 많이 모이면 어둠을 밝힐 수 있다. 촛불을 들었던 시민들의 염원을 모아 개정 헌법이 '생태복지국가'를 향한 길을 환히 밝히기를 바란다.

참고문헌

김비환. 2016. 『민주주의와 법의 지배』, 박영사.

김욱. 2017. 『개헌전쟁』, 개마고원.

김육훈. 2012. 『민주공화국 대한민국의 탄생』, 휴머니스트.

박찬승. 2013. 『대한민국의 민주공화국이다-헌법 제1조 성립의 역사』,
　　　　돌베개.

심용환. 2017. 『헌법의 상상력-어느 민주공화국의 역사』, 사계절.

이준일. 2017. 『촛불의 헌법학』, 후마니타스.

전광석. 2017. 『한국 헌법론』, 집현재.

차병직 외. 2016. 『지금 다시, 헌법』, 로고폴리스.

홍성태. 2004. 『생태사회를 위하여』, 문화과학사.

홍성태. 2007. 『대한민국 위험사회』, 당대.

홍성태. 2007. 『개발주의를 비판한다』, 당대.

홍성태. 2009. 『민주화의 민주화』, 현실문화.

홍성태. 2010. 『생명의 강을 위하여』, 현실문화.

홍성태. 2011. 『토건국가를 개혁하라』, 한울.

홍성태. 2014. 『위험사회를 진단한다』, 아로파.

홍성태. 2017. 『사고사회 한국』, 진인진.

03

생태적으로 지속가능한 사회와 헌법 개정

박태현(강원대학교 법학전문대학원)

Ⅰ. 들어가며

헌법에는 자연환경과 직·간접적으로 관련된 조항이 다수 있다. 가장 직접적인 조항으로는 건강하고 쾌적한 환경에서 생활할 권리로서 환경권을 규정하고 있는 제35조다. 그리고 광물 기타 지하자원·수산자원 등 자연자원의 개발·이용과 보호에 관한 제120조, 국토의 효율적이고 균형 있는 이용·개발과 보전에 관한 제122조 등도 자연환경과 관련된다.

환경권 조항은 1980년 8월 15일 헌법개정을 통해 신설되었다. 당시 "환경권이 헌법에 규정되는 경우 국가의 인적·물적 부담이 많으며 배상사태로 국가부담 내지 예산집행상 어려움이 예상되고 경제발전이 둔화될 우려가 있다"는 반대의견을 물리치고 도입되었다. 환경보호를 헌법에 명문화한 국가가 적었던 당시로는 대단히 진취적인 규정이었다(법제처, 155-9; 홍성방, 605-6).

권리가 규범으로서 실체적 효력이 있는지의 여부는 종국적으로 법원에서 결정된다. 그런데 우리 법원은 원칙적으로 환경권을 구체적 권리로 인정하지 않는다. 이는 규범으로서의 환경권의 효력이 상당히 제한적임을 의미한다. 한편, 환경보호가 기본권 형식으로 도입됨으로써 환경보호가 국가목표로 제대로 인식되지 못하였거나, 혹은 경제성장[발전]이라는 국가목표와 동등한 수준의 것으로 인식되는 것을 방해하였다.

1992년 이른바 「환경과 개발에 관한 리우선언」과 그 이후 수 많은 국제선언과 협약을 통해 국제사회는 환경적으로 지속가능한 발전ESSD과 미래세대에 대한 책임에 관한 컨센서스를 형성하였다. 1987년 마지막으로 개정된 현행 헌법은 국제사회가 합의한 21세기 지구환경시대에서의 환경보호의 패러다임을 전혀 반영하지 못하고 있다.

2017년 5월 기준으로 환경부 소관 총 59개의 환경법률이 대기·수질·폐기물·토양·자연환경 등 분야에서 시행되고 있다. 이런 점에서 한국의 환경법체계는 적어도 양적으로 어느 정도 정비되었다고 말할 수 있다. 하지만 한국사회가 생태적으로 지속가능한 사회에로 진입하였다고 말할 수 있을까. 적어도 지표상으로는 답은 부정적이다. 세계경제포럼WEF은 2008년부터 격년으로 환경성과지수 Environmental Performance Index: EPI를 발표한다. 2014년 EPI 결과 우리나라는 178개국 중 43위로 평가되었다. 우수한 성적은 아니지만 그렇다고 아주 나쁜 성적은 아니라고 볼 수 있다.

하지만 평가결과를 세부적으로 들여다보면 상황은 상당히 나쁘다. 우리나라는 물 위생 부분과 하수처리 부분의 지표는 우수하게 평가되었다. 하지만 기후변화·에너지 부문 지표(구성지표 중 하나인 탄소집약도 추이변화 지표는 평가대상국 118개국 중 112위)나 생물권 보호 부문 지표(179개국 중 120위) 등은 지속적으로 하위권으로 평가되었다. 특히 최근 국정정책의 뜨거운 쟁점이 되고 있는 미세먼지(PM2.5)의 지표도 최하위 수준인 171위로 평가되었다(환경부, 6-10)

미세먼지 지표가 대변하는 인간의 환경적 건강과 생물권 보호 지표가 나타내는 생태계의 건전성, 기후변화·에너지 부문 지표가 지시하는 이산화탄소의 과도한 배출과 에너지 이용의 비효율성 등 한 사회가 생태적으로 지속가능한지 여부를 가늠할 수 있는 핵심 지표의 상태가 매우 나쁜 것이다.

많은 사람들이 1987년 헌정체제의 한계점을 지적하며 오래전부터 개헌을 주창하고 있다. 그런데 그 한계점을 정치체제 내지 정부형태 등 주권과 대리권력의 배분과 행사 측면에서만 주로 논한다면 그 개헌 논의는 우리 사회가 당면하고 있는 문제의 한 부분만을 다루는 제한적인 것이 되리라 생각한다.

우리는 생태적 지속가능성이라는 한 사회의 존속과 번영을 위한 기본적 토대의 유지라는 근본 관점에서, 한 사회의 기본적 가치질서체계로서 헌법을 바라보아야 한다고 본다. 그리하여 지금의 헌법을 생태적 가치가 반영된 헌법, 곧 생태헌법으로 탈바꿈시켜야 한다고 본다. 자연환경의 내재적 가치를 명시하고, 국토의 개발과 자연자원을 이용함에 있어 이를 존중하고, 그것이 훼손되지 않도록 보장해야 한다. 한마디로 법치국가원리와 사회국가원리와 더불어 환경국가원리가 또 하나의 헌법원리로 승인되어야 한다고 보는 것이다.

Ⅱ. 생태헌법의 미래 또는 현재?[1]

물리학자이자 유명한 환경운동가인 반다나 쉬바Vandana Shiva 박사는 자신이 주도하는 '지구 민주주의Earth democracy' 운동의 세계관과 정치운동을 다음과 같이 설명한 바 있다(Shiva, Vandana, p.1,5).

> "지구 민주주의는 고대의 세계관이자 평화, 정의 그리고 지속가능성을 위하여 출현한 정치운동 이 둘 다를 말한다…이는 인도에서 우리가 *vasudhaiva kutumbkam*(지구 가족: 지구가 부양하는 모든 존재들의 공동체)으로 언명하는 것을 반영하고 있다—…지구 민주주의는 단순히 어떤 한 개념이 아니다. 이는 자신들의 공유지, 자원, 생계 수단, 자유, 존엄성, 정체성 그리고 평화를 되찾으려는 다중적이고 다양한 사람들의 실천행위에 의하여 형성되었다."

인간의 정치공동체의 구성 및 운영원리인 민주주의를 인간을 포함하여 지구 위에 살고 있는 모든 생명존재들의 집합인 "지구 가족"을 위한 것으로 확장하고 있다.

---

1 이 부분은 필자가 옮긴 코막 컬리넌. 2016.『야생의 법: 지구법 선언』, 로도스, 318-22에서 인용하였다.

남미의 에콰도르는 2008년 9월 세계에서 처음으로 국가와 시민들에게 "자연과 조화하면서 자연의 권리를 인정하는 방식으로 안녕을 추구"할 것을 명하는 헌법을 채택하였다. 2008 에콰도르 헌법 전문前文에 자연의 다양성과 자연과의 조화 속에 시민들을 위한 공존의 새로운 질서를 구축함으로써 *el buen vivir*(원주민 언어로는 *'sumak kawsay'*)로 정의된 '안녕'을 성취하려는 에콰도르 국민의 의도를 명시적으로 언급하고 있다.

헌법은 "*El buen vivir*" 즉 좋은 생활방식은 개인들과 공동체들, 민족과 국가들은 효과적으로 자신들의 권리를 향유해야 하고, 문화적 상호성과 다양성의 존중 그리고 자연과 조화로운 공존의 틀 속에서 책임을 수행해야 함을 요청한다"고 한다(제275조).

특히 헌법 제7장에서는 자연의 권리에 관하여 규정하고 있다. "생명이 재창조되고 존재하는 곳인 자연 또는 *파챠마마*(Pachamama; 안데스 원주민들에게 신앙의 대상인 영적존재로 〈어머니 대지〉로 번역된다)는 존재할 권리, 지속할 권리 그리고 생명 유지에 필수적인 자연의 순환과정과 구조, 기능과 진화과정을 유지하고 또 재생할 권리를 가진다."고 한다(제72조). 헌법은 사람들에게, 또한 회사와 같은 법적주체에게 그리고 국가에게 자연의 권리를 존중하고 또 지지해야 할 의무를 부과하고, 이러한 자연의 권리는 법적으로 집행가능하다고 규정힌다. 또한 "지연의 권리를 존중하고, 건강한 환경을 보존하고, 자연자원을 합리적이고 또 실천적으로 지속가능한 방식으로 사용"해야 할 의무를 모든 에콰도르 남성과 여성에게 부과한다(제83조 제6항).

헌법은 또한 "사람들을 위한 삶의 질을 보장할 수 있고, 자연의

권리를 위협하는 사람들을 억지할 수 있는 생산양식들"을 증진하며
(제319조), "환경적으로 균형 잡히고 문화적 다양성을 존중하고, 생
물다양성과 생태계의 자연적 재생능력과 생태계에 대한 현세대와
미래세대의 수요 충족을 보장하는 자연의 능력을 보호하는 지속가
능한 발전모델"을 보장함으로써(제395조 제1항) 좋은 생활방식*buen
vivir*을 확산시킬 것을 국가에 명하고 있다.

2009년 4월 22일 유엔 총회는 결의를 통해 4월 22일을 '국제 어
머니 지구의 날International Mother Earth Day'로 선포하였다. 당일 총회
연설에서 볼리비아 대통령 에보 모랄레스 아이마Evo Morales Ayma는
20세기가 '인권의 세기'로 명명된 것처럼 21세기는 '어머니 지구의
권리의 세기'로 알려지리라는 바람을 피력하며, 회원국들에 '어머니
지구의 권리에 관한 선언Declaration on the Rights of Mother Earth'의 발
전을 위한 행동을 개시할 것을 촉구하였다.

2009년 10월 17일 「어머니 지구 권리 세계 선언Universal Declaration
of Mother Earth Rights」을 지지하며 이의 채택을 촉구하는 미주대
륙을 위한 볼리바르 동맹Bolivarian Alliance for the Peoples of Our
America(ALBA)에 소속된 9개국의 선언이 뒤따랐다. 이 선언의 기본원
칙은 다음과 같다.

1. 21세기에 우리가 지구 행성과 자연의 권리를 인정하고 또 보
   호하지 않는다면 인권의 완전한 보호 역시 달성할 수 없다.
   오직 어머니 지구의 권리를 보장함으로써 우리는 인권 보호
   를 보장할 수 있다. 행성 지구는 인간 생명 없이 존재할 수
   있지만 인간은 행성 지구 없이는 존재할 수 없다.

2. 제2차 세계대전이 야기한 심각한 인간성의 위기가 1948년 세계 인권 선언의 채택으로 이어진 것처럼, 오늘날 기후변화의 영향으로 우리가 겪는 커다란 고통은 어머니 지구 권리 세계 선언을 필수적으로 채택하도록 한다.

3. 생태 위기와 생태 위기의 한 부분으로서 지구온난화는 세계 전역의 토착원주민들이 수 세기 동안 주장해온 필수적 핵심 원칙을 아주 분명하게 드러내고 있다. 인간 존재는 우리의 존중과 배려, 돌봄을 필요로 하는 동·식물, 언덕, 숲, 해양 그리고 대기라는 상호 의존적 체계의 구성부분이다. 이 체계는 우리가 어머니 지구라고 부르고 있는 그것이다.

이 선언들과 헌법은 공통적으로 지구를 우리 인간이 전유할 수 있는 사물들의 집합이 아니라, 그들의 권리를 존중하며 조화와 균형 속에서 더불어 사는 것을 배워야 하는 자연 존재들의 집합으로 본다. 따라서 "지구가 인간에게 속한 것이 아니라 인간이 지구에 속한다"고 한다.

2017년 2월 5일 발표된 멕시코시티 주州 헌법 제18조의 A.건강한 환경에의 권리에도 자연의 권리가 규정되었다.

1. 모든 사람은 자신들의 발전과 안녕을 위하여 건강한 환경에 대한 권리를 가진다. 정부는 현세대와 미래세대의 발전에 필요한 환경 수요를 충족하려는 목적에 따라 자신의 권한 범위 내에서 환경보호와 생태균형의 보전·회복을 위하여 필요한 조치를 취할 것이다.

2. 정부는 자연의 보전과 보호에 시민참여를 증진시킴으로써 자연의 보전과 보호의 권리를 보장한다.

3. 이 조항을 준수하기 위하여 집단적 주체로서 각종 생태계와 종으로 형성된 자연의 권리의 폭넓은 보호를 인정하고 규율하는 법률이 제정될 것이다.

자연의 주체성을 전제로 한 자연의 권리를 학술이론의 장이 아닌 법에서 인정한다는 것은 주체 개념에 관한 철학의 전통관념과 권리에 관한 법학의 기본통념을 근본에서부터 다시 생각해야 하는 무거운 과제를 던질 것이다.

하지만 자연을 권리주체로 인정하자는 제안에 대한 논의를 다음과 같은 명백한 과학적 사실, 곧 인간은 자연이라 일컫는 전체로서의 생명(부양)체계 안에서 다른 종들과 공진화하며 살아왔고 또 앞으로 살아가야 하는 생명존재라는 사실에서 시작할 수 없을까. 이러한 사실은 우리의 공통감각common sense에 속한다. 문제는 이러한 공통감각을 우리는 일상생활에서 거의 망각한 채 살아가고 있다는 것이다.

헌법적 가치란 무엇일까. 그것은 재벌, 노동자, 경영인이 함께 공유할 수 있는 공통적 기본가치라 할 수 있다. 각기 이해관계가 다를 수 있는 다양한 사회구성원들과 구성요소들을 묶어줄 공통의 가치, 공통의 마당, 공통의 이상을 말한다(도정일, 2017). 여기서 우리가 잊고 지낸 공통감각을 버리고 또 유지해줄 수 있는 성문문서로서 헌법의 가치가 발견하게 된다.

에콰도르 헌법을 우리가 주목해야 하는 까닭은 단순히 자연의 권리를 명문으로 인정했다는데 있다지 않다. 그것은 자연의 보호, 자연의 권리 인정, 그리고 자연과 조화하는 삶을 사람의 좋은 생활방식으로 규정했다는 점에 있다. 자연과 조화하는 삶이 당위명제가 아니라 그냥 그것이 좋은 삶의 방식이라는, 선조들로부터 전승되어온, 그러나 현대에 이르러 더욱 더 각별한 의미를 갖게 된, 인생관 내지 세계관을 에콰도르 헌법은 담대하게 선언한 것이다. 이러한 인생관 내지 세계관은 특정 시대에 특정 지역의, 특정 공동체에 속한 사람들의 특유한 것이 아니라 자기와 주변 세계를 인식하게 된 시점부터 거의 모든 공동체에 보편적으로 존재한 공통의 인생관 내지 세계관이라고 여긴다.

참고로 중국은 2012년 '생태문명'의 가치를 헌법에 반영하였다. 이어 2015년 9월 '생태적 진보를 촉진하기 위한 개혁통합계획'을 발표한다. 10장 56절에 이르는 이 계획에서 생태문명의 개념부터 구체적인 실천계획까지 담고 있다. 개혁취지(1장 1절)의 설명에서 "...인간과 자연의 관계를 정확히 설정하고, 심각한 생태적·환경적 문제를 해결하기 위해서는...인간과 자연의 조화를 발전시키는 새로운 방식의 현대화를 촉진하는 노력이 진전되는 것이 필수적"임을 강조하고 있다. 그리고 6가지 개혁구상을 다음과 같이 제시하였다(1장 2절).

1. 자연을 존중하고 보호하며 자연과 조화로운 상태를 유지한다. 2. 개발과 보존을 통합한다. 3. 맑은 물과 울창한 산이 매우 귀중한 자산이라는 인식을 기른다. 4. 자연과 천연자원의 가치에 대한 존중을 일깨운다. 5. 영토의 균형을 추구한다. 6. 산·물·숲·농장이 생명공동체임을 인식한다(한윤정, 2017).

아래에서 국가와 시장경제의 생태적 전환을 통하여 생태적으로 건전한 사회로 나아가기 위한 법가치질서의 구축을 위한 출발로 현행 헌법이 어떻게 개정되어야 하는지를 차례차례 설명한다

Ⅲ. 생태헌법의 핵심가치와 목표 및 실현전략

생태헌법의 핵심가치로 1.자연환경과 생명(동물등) 가치, 2.생태적 지속가능성, 3. 환경국가원리, 4. 참여를 제시하고자 한다. 이러한 4가지 핵심가치를 지향하는 생태헌법의 목표와 이를 실현하기 위한 전략으로 필자는 다음을 제시하고자 한다.

첫째, 인간중심의 헌법질서 속에 자연가치·생명가치를 주입함으로써 현세대 인간종중심적인 헌법의 배타적 성격(혹은 미래세대와 비인간종의 배제적 성격)을 완화한다. 이를 위하여 현세대 인간들에 의하여 대표되지 못하는, 인간의 이익과 무관한 자연 자체의 내재적 가치 인정과 그 존중을 선언하고, 생명들의 존재가치를 "인간존엄성"과 함께 헌법의 최고의 가치질서로 선언하고, 또 국가에 법률로써 이를 최대한 보장할 것을 명하며, 국가에 미래세대의 이익과 동물 보호의 책임을 부과한다.

둘째, 국가의 조직·운영원리로서 환경국가원리를 승인한다. 이를 위하여 우선 환경보호를 국가목표과제(규범)로 분명히 한다. 경제부문에서 자연의 순환과정을 유지하고 자연의 재생능력 한계범위 내에서 경제질서를 조직한다. 국토보전 부문에서 국토계획과 환경계획 간의 유기적 연계를 명문화한다. 이로써 생태적 지속가능성 원

리를 특히 경제질서와 국토관리 부문에 규범적 가치원리로 충전시킨다.

셋째, 환경권은 환경을 향유하는 권리이자 타인의 환경권을 존중할 의무와 환경을 보호할 책임이 수반되는 권리임을 분명히 한다. 곧 환경권을 개체적 권리이자 또한 집단적 권리로서 환경(이익)을 누릴 권리로 정의함으로써 환경권에는 권리 향유와 동시에 타인이 향유하는 환경권에 대한 존중의 표현으로 환경보호에의 책임이 수반됨을 나타낸다.

넷째, 사법접근권의 보장강화 등 참여의 증진을 통해 환경거버넌스를 보장·강화한다. 이를 위하여 동물의 대변자로 동물보호단체에 입법·행정·사법과정에의 참여권을 부여하고, 귀중한 국토와 자연자원의 보전에 있어 국민에 사법접근권을 법률로써 보장한다.

이상과 같은 생태헌법의 목표와 실현전략을 표로 정리하면 다음과 같다.

표 1 **생태헌법의 목표와 실현전략**

목표	실현전략
현세대 인간종중심적 헌법가치질서의 완화	- 우리와 우리 후손 그 밖의 인간 이외의 생명들의 기반으로서 자연환경의 가치 명시 - 생명가치 존중 및 보장 - 미래세대 이익 고려와 동물 보호
환경국가원리의 강화	- 환경보호를 국가목표로 규성 - 경제질서의 기본바탕으로 자연의 순환과정과 재생능력 존중 - 국토의 지속가능한 보전 및 관리 표현
환경권을 의무와 책임이 수반되는 구체적 권리로 규정	- 환경권을 환경을 더불어 누릴 집단적 권리로 표현

목표	실현전략
시민과 시민단체의 참여보장을 통한 환경거버넌스의 보장·강화	- 동물보호단체에 입법·행정·사법과정 참여권 보장 - 귀중한 자연자원의 보전에 국민의 사법접근권 보장

Ⅳ. 개정 검토대상 조항

생태헌법의 가치와 목표를 실현하기 위하여 개정해야할 필요가 있는 헌법조항(이하 '대상조항'이라 함)을 선정, 이를 중심으로 개정안을 구체적으로 제시하고 그 이유를 서술하기로 한다. 대상조항은 다음과 같다.

○ 헌법이념 전문前文 : 지구 위 생명공동체의 존속·번영의 기반인 자연환경의 보호, 생명공동체의 한 성원으로서 인간의 지위와 책임 반영

○ 인간존엄성과 생명가치 헌법 제10조 : 생명가치 존중과 법률에 의한 보장

○ 환경권 헌법 제35조 : 공유권으로서의 환경권 특성 반영, 환경보호를 위한 국가과제 제시, 미래세대 이익 및 동물의 보호

○ 경제부문 헌법 제119조 : 자연의 순환과정을 유지하고 자연의 재생능력을 고려하는 경제질서 구축

○ 자연자원의 보호 및 국토관리 부문헌법 제120조 등 : 귀중한 국토와 자연자원의 보전을 위하여 국가에 공공수탁의무 부

과, 국민의 사법접근권 보장, 국토계획과 환경계획 간의 연계를 통한 국토의 지속가능한 보전 및 이용 추구

1. 헌법전문의 개정

〔개정안 제안 이유〕

1) 자유 민주주의에서 사회 민주주의로, 다시 생태 민주주의로

3·1운동, 4·19혁명, 5·18항쟁 등은 6·10 민주 항쟁을 통해 비로소 '민주공화국'의 확립으로 귀결되었다. 이런 사실을 널리 알리고 지키기 위해 헌법 전문에 6·10 민주 항쟁의 계승을 밝힌다. 역사적으로 민주주의는 자유 민주주의에서 사회 민주주의로 발전했다. 그리고 이는 다시 생태 민주주의로 나아가야 한다.

이런 점에서 헌법 전문에 우리가 추구하는 민주주의의 내용을 정확히 밝힌다. 같은 맥락에서 국토·영해·영공의 생태적 보존·계승을 제시한다.

2) 생태계에 의존하는 인간의 안녕

2000년 유엔 사무총장 코피 아난Kofi Annan은 세계 각국의 저명한 학자들로 연구자 모임을 조직하였다. 연구의 목적은 인간이 지구생태계에 미치는 영향을 평가하는 것이었다. 무려 14백만 달러라는 거액의 연구자금이 투입된 이 평가사업은 2001년 본격적으로 개시되어 4년 뒤인 2005년 평가보고서의 발간으로 마무리되었다. 95개국 나라의 1,300명 이상의 학자들이 보고서의 저자로 참여하였다.

현행	개정안
유구한 역사와 전통에 빛나는 우리 대한국민은 3·1운동으로 건립된 대한민국 임시정부의 법통과 불의에 항거한 4·19민주이념을 계승하고, 조국의 민주개혁과 평화적 통일의 사명에 입각하여 정의·인도와 동포애로써 민족의 단결을 공고히 하고, 모든 사회적 폐습과 불의를 타파하며, 자율과 조화를 바탕으로 자유민주적 기본질서를 더욱 확고히 하여 정치·경제·사회·문화의 모든 영역에 있어서 각인의 기회를 균등히 하고, 능력을 최고도로 발휘하게 하며, 자유와 권리에 따르는 책임과 의무를 완수하게 하여, 안으로는 국민생활의 균등한 향상을 기하고 밖으로는 항구적인 세계평화와 인류공영에 이바지함으로써 우리들과 우리들의 자손의 안전과 자유와 행복을 영원히 확보할 것을 다짐하면서 1948년 7월 12일에 제정되고 8차에 걸쳐 개정된 헌법을 이제 국회의 의결을 거쳐 국민투표에 의하여 개정한다. 1987년 10월 29일	유구한 역사와 전통에 빛나는 우리 대한국민은 3·1운동으로 건립된 대한민국 임시정부의 법통과 독재에 항거한 4·19, 5·18, 6·10 민주 항쟁을 계승하여 민주개혁과 평화통일을 추구하고, 모든 사회적 폐습과 불의를 타파하며, 자율과 조화를 바탕으로 자유·사회·생태 민주주의를 수호하여, 국토·영해·영공을 생태적으로 건강하게 보존·계승하고, 모든 사람이 균등한 기회를 보장받고 최고의 능력을 발휘하며, 자유와 권리에 따르는 책임과 의무를 완수하여, 안으로는 국민생활의 균등한 향상을 기하고 밖으로는 항구적인 세계평화와 인류공영에 이바지함으로써, 또한 자연환경은 우리들과 뭇생명이 하나로 연결된 지구 위 생명공동체의 존속과 번영을 위한 불가결한 기반임을 인식하며[1], 생명공동체의 책임 있는 성원으로서[2] 생태적으로 건전하고 지속가능한 인류 사회 발전[3]을 추구함으로써 우리들과 자손들의 안전과 자유와 행복을 영원히 확보하고 우리들을 비롯한 뭇생명의 존속과 번영의 자연적 기반을 보호할 것을 다짐하면서...헌법을 이제 국회의 의결을 거쳐 국민투표에 의하여 개정한다. 1987년 10월 29일

이 평가보고서를 통해 생태계로부터 인간이 획득하는 편익 benefits으로 정의되는 생태계 서비스ecosystem services라는 개념이 대중에 널리 알려지게 되었다. 평가보고서상의 주된 결과는 다음 4가지다(U.N. Millennium Ecosystem Assessment, p.1)

ㄱ. 인간의 역사에서 그 어느 때보다 지난 50년 동안, 인간은 식량과 식수, 목재, 섬유 그리고 연료에 대한 급증하는 수요를 충족하기 위하여 생태계를 더 급격하고 광범위하게 변화시켜왔다. 이로써 지구 위 생명다양성은 실질적으로, 또 대체로 되돌릴 수 없을 정도로 상실되었다.

ㄴ. 생태계의 변화는 인간의 안녕과 경제 발전에 실질적으로 기여해왔다. 그러나 이러한 이익의 성취는 수많은 생태계 서비스의 질저하와 비선형적 변화에 따른 위험risks의 증가 그리고 일단의 사람들의 빈곤의 심화라는 형태의 비용 증가를 대가로 한 것이다.

ㄷ. 생태계 서비스의 질저하는 21세기의 전반기에 더 심하게 악화될 수 있는데, 이는 새천년발전목표의 성취에 장애가 된다.

ㄹ. 점증하는 생태계 서비스에의 수요를 충족하면서 생태계의 질저하를 반전시키는 과제는 평가보고서에서 고려한 몇몇 시나리오에 의하면 부분적으로 달성된다. 그러나 이 시나리오들은 아직 실시되고 있지 아니한, 정책과 제도 및 실행에서의 중대한 변화를 포함할 것이다. 부정적 상쇄효과를 줄이는 방식으로 또는 다른 생태계 서비스와의 긍정적 시너지를 제공하는 방식으로 특정 생태계 서비스를 보전하거나 증진하는 선택지options가 다수 존재한다.

위에서 언급한 생태계로부터 얻는 편익benefits을 우리는 환경상 이익이라고도 한다. 환경경제학에서는 같은 의미로 "환경용익"이라는 개념을 쓰고 있다(이정전, 105). 인간은 자연생태계를 다양한 용도로 이용하고 있다. 강이라는 생태계를 예로 들면 우리는 강을 생활·농업용수원으로, 수영이나 낚시, 캠핑 등 각종 휴양 활동 공간으로, 수력발전용으로, 처리된 폐수를 배출하는 용도로 각각 이용하고 있다. 이와 같이 인간이 자연생태계를 다양한 용도로 이용하는 것은 그 생태계가 인간에게 제공하는 다양한 서비스에 기반하고 있는 것이다. 평가보고서에 게재된 아래 그림은 인간의 안녕well-being이 생태계가 제공하는 다양한 서비스에 어떻게, 또 어느 정도로 의존하고 있는지를 잘 보여준다.

강의 다양한 용도에 관한 사례를 가지고 생태계 서비스와 인간 안녕 간의 연계성을 말한다면, 생활·농업용수원으로의 이용은 강의 급부provisioning 서비스에, 휴양활동으로의 이용은 강이 제공하는 문화적cultural 또는 급부적 서비스에, 그리고 폐수 배출 용도로의 이용은 강의 조절(이중 정화 기능) 서비스에 기반하고 있는 것이다. 환경법의 목표 중 하나는 자연생태계가 '공짜'로 제공하는 이러한 서비스의 질을 보호하고 또 증진하는 데 있다.

환경상 이익 개념을 정의한 판결은 아직까지 없다. 다만 농작물의 경작을 환경상 이익으로 인정한 대법원 판결은 있다(대법원 2009두2825 판결). 또한 비록 하급심 판결이지만 철새도래지로 유명한 낙동강 하구 및 을숙도를 가로지르는 명지대교의 건설공사의 금지를 구하는 가처분사건에서, 새의 관찰·연구, 새를 관찰하기 위하여

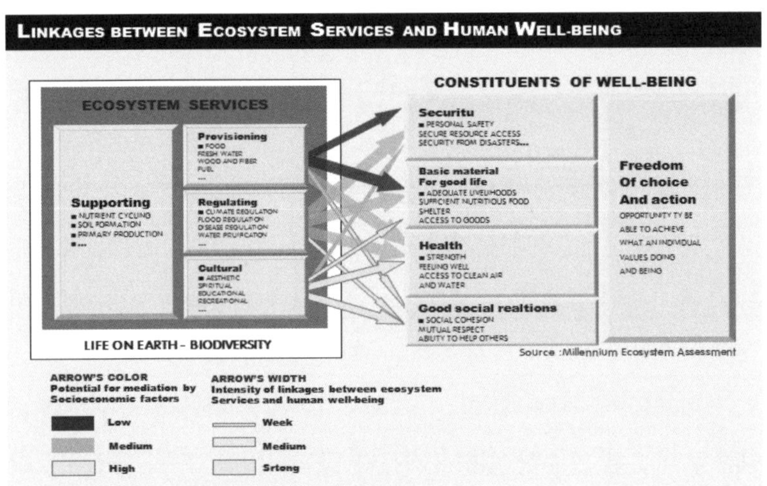

그림 1　인간의 안녕과 생태계 서비스 간의 연계

출처: U.N. Millennium Ecosystem Assessment, p.vi.

을숙도를 찾는 내·외국인들에 대한 안내, 학생들의 교육 등을 환경상 이익으로 본 결정(부산고법 2006라64 결정)이 있다.

> "신청인들은 부산광역시에 거주하면서 부산녹색연합 습지와 새들의 친구 등 환경보호를 목적으로 하는 시민단체에 봉사하는 사람들로서, 비록 이 사건 환경영향평가 대상지역 안의 주민들은 아니나 오래 전부터 을숙도에 자주 찾아와...새의 관찰·연구, 새를 관찰하기 위하여 을숙도를 찾는 내·외국인들에 대한 안내, 학생들의 교육(신청인 일부는 고등학교 교사이다), 지연보호 및 감시활동 등을 벌여 오는 등의 방법으로 **그 환경이익을 향유하여 오고 있는 사람들인바**, 신청인들의 이와 같은 환경이익이 환경침해로 인하여 설사 거의 전면적으로 그 향유가 박탈(되는 경우)...신청인들은 자신들의 환경이익을 피보전권리로 하여 그 수

인한도를 초과하는 침해가 있을 경우 민사상의 가처분으로도 이
를 다툴 수 있다고 봄이 상당하다.”

그런데 생태계 서비스에 의존하여 살아가는 생명존재가 비단 우
리 인간일뿐일까. 우리 인간과 인간이외의 여러 다른 생명존재들은
지구 위 생명공동체를 구성해 자연생태계가 제공하는 다양한 서비
스에 의존하여 ‘더불어(=상호의존성과 상호연결성)’살아가고 있다.

헌법 전문에 ‘지구 위’라는 문구를 새겨넣은 까닭은 지구가 우리
인간을 비롯한 무수한 생명존재들의 궁극 기반임을 되새기자는 의
도다. 또 인간은 지구 위의 무수히 많은 생명종과 함께 이루고 있는
생명공동체의 ‘한 성원’에 불과함을 환기시키고자 하는 것이다. 나아
가 고도의 성찰적 자의식을 지닌 우리 인간이 다른 생명존재들을 배
려하며 행동하여야 할 ‘책임’을 가진 존재임을 강조하고자 함이다.

3) 지구 위 생명공동체와 인간의 책임

우리 인간은 고도의 지적 사유능력과 윤리적 반성능력을 가지고 있
다. 이는 우주 진화역사 137억년, 지구 진화역사 46억년이라는 기나
긴 시간과정 속에서 이루어진 기적이자 축복이다. 이처럼 우주의 축
복으로서 고도의 지적·윤리적 능력을 선물 받은 인간은 그 능력에
적합하게 지구 위 생명공동체의 자연적 기반을 잘 가꾸고 향상시켜
며, 이를 영원히 보전해야 하는 커다란 책임을 부여안고 있다.

다른 존재들과의 관계속에서 자신의 정체성을 형성하고 발전시
켜가는 ‘관계적’존재인 우리 인간은 지구 위 생명공동체를 이루는
그 밖의 다른 성원들을 존중하고 배려하며 그들의 기본적 이익과 조

화를 이루며 살아갈 때 우리들과 우리 후손들은 더욱 더 건강하고 안전하게, 번영을 누리며 살아갈 수 있다.

4) 국가의 조직·운영원리로서 환경적으로 건전하고 지속가능한 발전 이념

환경적으로 건전하고 지속가능한 발전ESSD; Environmentally Sound and Sustainable Development는 국제사회가 합의한 21세기 지구환경시대의 새로운 발전패러다임이다. 「지속가능발전법」에서는 '지속가능발전'을 "지속가능성에 기초하여 경제의 성장, 사회의 안정과 통합 및 환경의 보전이 균형을 이루는 발전"으로 정의하고 있다(제2조 제2호).

이러한 지속가능발전 이념을 헌법이 지향하고 추구하는 이념가치로 헌법전문에 반영함으로써 ESSD를 우리 사회 발전의 지향가치 및 목표이자 동시에 국가경영의 지도원리로 받아들여야 한다.

이와 관련하여 2005년 프랑스 환경헌장을 살펴볼 필요가 있다. 총 10개 조문으로 구성된 프랑스 환경헌장은 Y. Coppen을 위원장으로 하는 특별위원회의 주도 아래 약 4년간(2001-2004)의 준비 작업을 거쳐 2005년 3월 1일 헌법률에 의해 헌법전문에 추가되었다(특별위원회는 법률과 과학기술 분과위원회를 두고 입법 작업을 진행하였다).

국민은 1789년 인권선언에서 정의되고 1946년 헌법전문에서 확인·보완된 인권과 국민주권의 원리, 그리고 2004년 환경헌장에 정의된 권리와 의무를 준수할 것을 엄숙히 선언한다(이하 생략).

2005년 환경헌장

프랑스 국민은 다음과 같은 점, 즉,

- 자연자원과 자연의 균형이 인류의 탄생을 조건지웠고,
- 인류의 장래와 생존자체가 자연환경으로부터 유리될 수 없으며,
- 환경은 인류의 공동재산이며,
- 인간은 생명의 조건과 스스로의 진화에 점증하는 영향력을 행사하며,
- 생물다양성, 개인의 발현, 인간사회의 진전은 일정형태의 소비 또는 생산과 자연자원의 과도한 개발에 의하여 영향을 받으며,
- 환경의 보존은 국가의 다른 기본적 이해관계와 마찬가지로 추구되어야하며,
- 지속가능한 발전을 확보하기 위하여 현재의 필요에 응하는 결정은 다음세대의 능력과 그들의 필요를 만족시키려는 다른 국민들의 능력을 훼손하여서는 아니됨을 고려하여 다음과 같이 선언한다.

  - 제1조: 모든 사람은 **균형되고 각자의 건강에 적합한 환경에서 살 권리**를 가진다.
  - 제2조: 모든 사람은 **환경의 보전과 개선에 참여할 책임**을 진다.
  - 제3조: 모든 사람은 법률이 정한 바에 따라 **환경침해를 예방 또는 억제**하여야 한다.
  - 제4조: 모든 사람은 법률이 정한 바에 따라 **환경침해로**

발생한 손해를 전보하여야 한다

- 제5조: 행정기관은 과학적으로 불확실하더라도 환경에 대한 손해가 심각하고 돌이킬 수 없는 형태로 발생할 가능성이 있을 때에는 **사전주의 원칙**을 적용하여 손해의 발생을 회피하기 위한 임시적이고 적절한 조치와 위험에 대한 평가 절차의 채택을 고려한다.
- 제6조: 공공정책 당국은 **지속가능한 발전**을 증진하여야 한다. 이를 위하여 공공정책 당국은 환경의 보호와 중요성을 인식하고 경제적·사회적 발전과 조화시킨다.
- 제7조: 모든 사람은 법률이 정하는 요건과 범위 안에서 공공기관이 보유한 **환경에 관한 정보에 접근할 수 있는 권리**를 가지며, **환경에 영향을 미치는 행정결정의 절차에 참여할 권리**를 가진다.
- 제8조: **환경에 대한 교육과 직업훈련**은 이 헌장에 규정된 권리와 의무의 행사에 기여하여야 한다.
- 제9조: **연구와 혁신**은 환경의 보존과 강조를 지원하여야 한다.
- 제10조: 이 헌장은 프랑스의 유럽과 국제활동에 적용된다.

환경법학자들이 보통 환경법의 기본원칙으로 들고 있는 것은 예방의 원칙과 사전배려의 원칙, 오염원인자책임의 원칙, 협동의 원칙 그리고 지속가능한 개발의 원칙 등이다. 학자들 사이에서 이러한 환경법 원칙들이 법적구속력이 결여된 단순한 프로그램적 지침 내지 입법방침에 불과한 것인지 아니면 (원칙적으로) 법적구속력을 갖춘

법원칙으로 볼 것인지를 둘러싸고 견해가 갈린다. 최근에는 환경법의 기본원칙들은 장래에는 환경정책적 행위, 특히 입법자의 행위를 지도규율하고, 법률해석의 지침을 제공하며 나아가 그것들이 법률에 규정되어 구속적으로 적용될 수 있는 법원칙으로 기능하게 된다는 견해가 보다 설득력을 얻고 있다(박균성·함태성, 60-1; 김홍균, 48).

우리 환경정책기본법이나 환경영향평가법 등에서는 몇 몇 환경법 원칙을 규정하고 있다. 예를 들면, 환경정책기본법 제8조에 "국가 및 지방자치단체는 환경오염물질 및 환경오염원의 원천적인 감소를 통한 사전예방적 오염관리에 우선적인 노력을 기울여야 하며, 사업바로 하여금 환경오염을 예방하기 위하여 스스로 노력하도록 촉진하기 위한 시책을 마련하여야 한다"고 라고 규정하여 사전예방의 원칙을 선언하고 있다.

프랑스 헌법이 이러한 환경법 원칙을 전문에서 규정하고 있다는 점은 여러 가지로 의미가 크다. 프랑스 행정법원은 프랑스 헌법 전문에 수록된 환경헌장의 헌법적 규범으로서의 효력을 확인하고 있기 때문이다. 따라서 어떤 법률규정이 환경헌장에 위반된다고 인정되면 그 법률규정은 폐지되게 된다(전훈, 390-2).

친수구역특별법(친수구역 활용에 관한 특별법)이라는 법이 있다. 한국수자원공사가 이명박 정부의 사실상 강제적 참여요청에 따라 4대강 공사의 시행을 떠맡게되면서 천문학적인 은행빚을 떠안게 되었다(수자원공사가 사업에 투자한 비용은 8조원이 넘고, 2010년부터 2015년까지 이자비용으로만 1조 3천186억원을 쏟아부었다). 그러자 국토해양부는 4대강 주변의 유역의 개발을 통한 개발이익으로써 사업 적자를 보전해주려고 하였다. 그런데 4대강 주변지역은 하천생태계를 보호하기 위하여 하천법과 수생태계 보전에 관한 법률 등에 따라 수변구역 등 보호지역으로 지정되어 개발이 원천적으로 불가능하다.

이러한 하천구역의 개발의 금지, 제한을 피하고자 정부는 2011년 친수구역법이라는 특별법을 제정하였다. 이 법은 국가하천의 하천구역 경계로부터 대통령령으로 정하는 일정한 지역을 친수구역으로 지정하여 이 구역에서 일정한 개발을 허용하는 것이다.

당시 시민단체로 구성된 4대강사업저지 범국민대책위원회는 친수구역의 범위를 대통령령으로 정하도록 한 것은 포괄적인 위임입법을 금지한 헌법 제75조와 명확성 원칙에 위배된다며 친수구역특별법은 위헌이라고 주장하였다. 이 특별법이 헌법 제75조 등에 위배된 것인지 여부를 살펴볼 필요가 있는 것은 사실이다. 하지만 실체적 관점에서 보자면 이 사안의 실질적인 쟁점은 포괄위임금지나 명확성 원칙 등이라고 하는 법기술적인 문제가 아니다. 오히려 특별법의 형식으로 하천생태계 보호에 관한 기본법률들의 적용을 잠탈하고 그럼으로써 보호하여야 할 생태계를 개발(훼손)의 제물이 되게 한 것이 환경법 원칙에 위반한 것이 아닌지 하는 것이다.

프랑스 환경헌장에 비추어 보면 친수구역특별은 법 환경의 보전과 개선에 참여할 책임, 환경침해를 예방 또는 억제하여야 의무, 행정기관은 과학저으로 불확실하더라도 환경에 대한 손해가 심각하고 돌이킬 수 없는 형태로 발생할 가능성이 있을 때에는 손해의 발생을 회피하기 위한 적절한 조치를 고려한다는 사전주의 원칙에의 위반 문제가 정면으로 다루어지게 될 것이다.

환경법의 기본원칙이 전문이든 혹은 그 어디든 헌법에 삽입된다는 것은 국가의 개발정책에 대한 사법적 통제가 강화되는 효과를 낳게 된다. 다만 프랑스 헌법전문과 한국의 전문의 체제가 달라 프랑스 환경헌장의 방식으로 환경법 원칙을 헌법 전문에 삽입하는 것은 간단치 않아 보인다. 하지만 아래에서 보는 바와 같이 환경권 조항이나 국토관리 조항에 환경법 원칙을 (일부라도) 도입하는 것은 충분히 선택가능한 방안이다.

2. 헌법 제10조 개정

표 3　헌법 제10조 현행-개정안 대비표

현행	개정안
제2장 국민의 권리와 의무	제2장 <u>기본적</u>[1] 권리와 의무
모든 국민은 인간으로서의 존엄과 가치를 가지며, 행복을 추구할 권리를 가진다. 국가는 개인이 가지는 불가침의 기본적 인권을 확인하고 이를 보장할 의무를 진다.	①모든 <u>사람</u>은 인간으로서의 존엄과 가치를 가지며, 행복을 추구할 권리를 가진다. 국가는 개인이 가지는 불가침의 기본적 인권을 확인하고 이를 보장할 의무를 진다. ②<u>모든 생명의 존재가치는 존중되며 함부로 부정되어서는 안된다.[2] 국가는 법률이 정하는 바에 따라 생명가치를 최대한 보장하여야 하고, 또 이를 존중하는 문화를 육성하는데 노력하여야 한다.[3]</u>

〔개정안 제안 이유〕

1) 「국민」의 권리와 의무에서 「기본적」 권리와 의무로

현행 헌법 제2장의 표제는 국민의 권리와 의무이다. 헌법상의 기본

　공동자원론, 생태헌법을 제안한다

권 중에는 인권으로서의 성질을 갖는 권리가 적지 아니하다. 이러한 인권으로서의 권리는 국민으로서가 아니라 인간으로서 당연히 누릴 수 있는 보편적 권리이다. 따라서 '국민'이라는 단어는 삭제하는 것이 바람직하다. 제2항이 추가, 신설된다면 국민의 권리라는 것이 더더욱 부자연스럽다. 독일기본법 제1장은 그냥 기본권이라는 표제를 붙이고 있다.

독일연방공화국 기본법

제1장 기본권

제1조 ① 인간의 존엄성은 침해되지 아니한다. 모든 국가권력은 이 존엄성을 존중하고 보호할 의무를 진다.

② 그러므로 독일 국민은 이 불가침·불가양의 인권을 세계의 모든 인류공동체, 평화 및 정의의 기초로 인정한다.

2) 모든 생명의 존재가치의 인정과 최대 존중 의무

우리 인간은 지구 위 생명공동체의 책임 있는 성원으로 그 밖의 다른 성원의 존재가치를 존중하고 배려할 때 전체로서 생명공동체와 연결된 우리 인간의 안전과 번영도 장기지속적으로 보장받을 수 있다. 따라서 모든 생명의 존재가치와 이익은 보장되어야 한다.

하지만 인간 이외의 생명의 존재가치와 이익은 인간 가치와 이익과 불가피하게 충돌하는 경우가 있다. 따라서 이러한 충돌상황을 고려하여 인간 이외의 생명의 존재가치와 이익을 어떻게, 어느 정도로 보장할 것인가 하는 것은 결국 입법자가 일차적으로 이익형량을 통하여 결정해야 할 문제이다.

인간 이외의 생명의 존재가치와 이익의 보장이 일차적으로 인간 입법자에게 달려있기는 하지만 그렇다고 인간 입법자가 어떠한 결정도 할 수 있는 것으로 이해해서는 안 됨은 당연하다. 국가는 이 조항에 따라 인간 이외의 생명의 존재가치와 이익을 최대한 보장해야 한다. 그리고 국가가 이러한 생명최대존중의 노력의무를 다하였는지 여부는 헌법재판소가 확립한 '과소보호 금지원칙'에 따라 판단할 수 있을 것이다(과소보호 금지원칙에 관해서는 아래 참고)

3. 헌법 제35조 개정

표 4 　헌법 제35조 현행-개정안 대비표

현행	개정안
①모든 국민은 건강하고 쾌적한 환경에서 생활할 권리를 가지며, 국가와 국민은 환경보전을 위하여 노력하여야 한다.	①모든 국민은 건강하고 쾌적한 환경을 더불어 누릴 권리[1]를 가지며, 국가는 또한 미래세대에 대한 책임으로[2] 환경오염과 훼손을 예방하고 환경을 보전하고 향상시켜야 한다.[3]
②환경권의 내용과 행사에 관하여는 법률로 정한다.	②삭제[4]
③국가는 주택개발정책등을 통하여 모든 국민이 쾌적한 주거생활을 할 수 있도록 노력하여야 한다.	③삭제(인간다운 생활을 할 권리로위치이동).[5]
	②(신설) 공동생명체로서 동물은 부당한 고통과 대우로부터 국가의 보호를 받는다.[6] 동물보호단체는 법률이 정하는 바에 따라 동물의 이익을 위하여 동물의 보호와 이용에 관한 입법과 행정, 사법절차에 참여할 수 있다.[7]

　공동자원론, 생태헌법을 제안한다

〔개정안 제안 이유〕

1) 1980년 환경권 조항의 신설과 그 의미

환경권 조항은 1980년 10월 27일 제8차 헌법 개정을 통해 신설되었다. 당시 헌법개정을 위한 헌법심의자료인 『헌법연구반보고서』(법제처, 1980)에 따르면, "환경권의 중요성이 점증하고 있는 실정에 비추어 이를 헌법에 명문화할 것이냐에 관하여 논의가 있다"고 한다.

명문화 찬성의견은 환경오염의 심각화에 따라 국민보건에 지대한 영향이 있으므로 독립된 조문으로 보장할 필요가 있다고 한다. 명문화한다면 어떻게 할 것인지에 대해서는 "국가는 국민이 쾌적한 환경을 누일 수 있도록 그 보전에 노력하여야 한다"는 일반적인 규정으로 하자는 견해와 "일반적인 노력조항으로는 부족하고 헌법에 규정하는 것만으로 직접 효력이 발생하도록 법원에 출소가 가능하도록 규정하자"는 견해로 나뉘었다.

명문화에 반대하는 의견은 환경권이 헌법에 규정되는 경우 국가의 인적·물적 부담이 많으며 배상사태로 국고부담 증대 내지 예산집행상 어려움이 예상되고 경제발전이 둔화될 우려가 있다는 것이다. 이러한 찬반의견에 대해서 "환경권에는 공해방지 뿐만 아니라 자연자원의 보호와 개발도 포함되며, 경제조항과의 관계(예컨대 토지의 공개념 등)에서 중히 검토되어야 한다"는 검토의견이 붙었다.

국회 여야안(공화당안과 신민당안)과 대한변협안 및 6인연구회안도 제출되었다. 이중 대한변협안은 제34조제2항으로 "모든 국민은 깨끗한 환경에서 생활할 권리를 가지며 국가는 이를 보호할 의무를 진다."는 것이다. 6인 연구회안은 제36조 제1항으로 "모든 국민은 쾌적한 환경에서 생활할 권리를 가진다." 제2항으로 "국가는 환경을 청결하게 유지하고, 국민의 건강과 위생을 위험하게 하는 오염을 제거하며, 산업공해를 방지하여야 한다."고 한다

1980년 개정헌법은 최종적으로 제33조에서 다음과 같이 정해졌다. "모든 국민은 깨끗한 환경에서 생활할 권리를 가지며, 국가와 국민은 환경보전을 위하여 노력하여야 한다."

1980년 당시 환경보호를 헌법에 명문화한 국가가 적었고, 개발도상국으로서 경제성장이 지상과제였던 시대 상황에서 경제논리에 근거한 반대의견을 극복하고 도입되었다는 점에서 학계는 대체로 진취적인 규정이었다고 후한 평가를 주고 있다(법제처, 155-9; 홍성방, 605-6; 고문현, 126).

그 뒤 1987년 제9차 헌법 전문개정을 통해 '깨끗한' 환경에서 생활할 권리가 '건강하고 쾌적한' 환경에서 생활할 권리로 표현이 달라졌고, 제2항으로 "환경권의 내용과 행사는 법률로 정한다"는 조항이 추가되었다.

2) 환경권 조항의 개정 논의와 각국의 환경권 조항

현행 환경권 조항에 어떠한 문제가 노정되어 개정을 제안하는 것인가. 우선 환경권 조항의 개정안에 관한 선행연구를 간략히 살펴보자.

○ 2006년 한국헌법학회의 헌법개정연구위원회 최종보고서인 『헌법개정연구』에서 환경기본권의 보장과 관련하여 우선 국가목표로서 국가의 환경보전의 의무를 환경기본권 조항인 제35조 제1항에서 분리하여, 제2항에 규정하고, 환경보호수준으로 지속가능한 환경친화적 개발원칙을 헌법규정 속에

편입하며, 제3항의 쾌적한 주거생활의 보장을 환경기본권에서 삭제하여 인간다운 생활을 할 권리에 규정하자는 제안이 있었다. 하지만 기본권 개정 분과위원회는 최종 합의를 도출하지 못하였다(한국헌법학회, 158)

○　2009년 국회의장 자문기구인 헌법연구 자문위원회의 결과보고서에는 특별한 언급이 없다.

○　2017년 국회 헌법개정특별위원회의 자문위원회(총강·기본권분과)는 다음과 같이 개정의견에 합의하였다.

- 현행 제35조 제1항을 제37조 제1항으로 "모든 사람은 건강하고 쾌적한 환경을 함께 누릴 권리를 가진다."로 바꾼다.

- 현행 제2항은 이를 삭제한다.

- 현행 제3항은 "모든 국민은 쾌적한 주거생활을 할 권리를 가진다"고 고쳐, 인간다운 생활을 할 권리에 관한 조항으로 이동시킨다.

- 제2항, 제3항을 다음과 같이 추가한다.

  ② 모든 생명체는 존중받고, 국가는 이를 위하여 필요한 내용을 법률로 정한다.

  ③ 국가는 미래세대에 대한 책임을 지고 환경을 지속가능하게 보전하여야 한다.

다음은 헌법에 환경권을 규정하고 있는 나라들의 예다.

○　남아프리카공화국 헌법 제24조(Environment)

  (a) 모든 사람은 건강과 안녕에 해롭지 아니한 환경에 대한 권리를 가진다.

(b) 모든 사람은 현세대와 미래세대의 이익을 위하여 다음 각
호와 같은 합리적인 입법 및 그 밖의 조치를 통하여 환경
을 보호받을 권리를 가진다
  ⅰ. 오염과 생태적 훼손의 방지
  ⅱ. 환경보전의 증진
  ⅲ. 정당한 경제적·사회적 발전을 증진하면서 생태적으
     로 지속가능한ecologically sustainable 자연자원의 개발
     과 이용의 보장

○　스페인 헌법 제45조
  (1) 모든 사람은 각자의 발전에 적합한 환경을 향유할 권리와
     더불어as well as 환경을 보전해야 할 의무를 가진다.
  (2) 공공당국은 삶의 질을 보호·개선하고, 환경을 보존·복원
     하는 목적으로 집단연대성collective solidarity에 기초해 자
     연자원의 합리적 이용rational use을 감독해야 한다.
  (3) 제1, 2항을 위반한 사람은 법이 정한 바에 따라 형사처벌
     또는 행정처분을 받고, 훼손된 환경을 복원해야 할 의무
     를 진다.

○　포르투갈 헌법 제66조(Environment and quality of life)
  1. 모든 사람은 건강하고 생태학적으로 균형 잡힌 인간의 생
     활 환경(a healthy and ecologically balanced human
     living environment)에 대한 권리를 가지며, 또 보호할
     의무가 있다.

　공동자원론, 생태헌법을 제안한다

2. 지속가능한 발전의 전체틀 내에서 환경을 향유할 권리를
    보장하기 위하여, 적절한 기구를 통하여 또 시민들의 포
    함과 참여로써 국가는 다음 각호의 책무를 진다.

    a. 오염 및 오염의 영향 그리고 유해한 형태의 훼손의 예
        방과 통제

    b. 행위의 정확한 입지와 균형 잡힌 사회경제적 개발 그
        리고 경관의 증진을 목적으로 한 마을과 도시계획을
        지휘하고 촉진

    c. 자연을 보전하고 또 역사적 또는 예술적 이익을 가진
        문화적 가치와 자산의 보존하기 위한 자연적, 휴양적
        보호지역 및 공원의 창출과 개발, 경관과 장소의 분류
        및 보호

    d. 세대 간 연대성의 원칙inter-generational solidarity을 존
        중하여 자연자원의 재생능력과 생태안정성의 유지능
        력을 보호하면서 그 합리적 이용을 증진

    e. 지방정부 협력해 농촌거주와 도시생활의 환경적 질의
        증진, 특히 건축물 차원에서 또 역사 지구의 보호에
        관하여.

    f. 환경보호 목적을 부분적으로 자연과 관련된 다양한
        정책들에 반영, 통힙의 촉진

    g. 환경교육과 환경가치 존중의 촉진

    h. 개발을 환경과 삶의 질의 보호에 적합하게 하는 재정
        정책의 보장

○　니카라구아 헌법 제60조

니카라구아인은 건강한 환경에서 생활할 권리를 가진다. 환경 및 자연자원을 보존, 보전하고 복원하는 것은 국가의 의무다.

○　터키 헌법 제56조

모든 사람은 건강하고 균형 잡힌 환경에서 생활할 권리를 가진다. 자연환경을 개선하고, 환경적 건강을 보호하고 환경오염을 예방하는 것은 국가와 시민의 의무이다.

○　핀란드 헌법 제20조 환경에 대한 책임

자연과 생물다양성, 환경과 국가문화유산은 모든 사람들의 책임이다.

공공기관은 모든 사람들이 건강한 환경에 대한 권리를 누릴 수 있도록 노력하며, 모든 사람들이 자신의 생활환경에 관계되는 결정에 영향을 미칠 수 있도록 보장하는데 노력하여야 한다.

3) 환경권 조항의 문제점과 개정방향

현행 제35조 제1항은 환경권을 건강하고 쾌적한 환경에서 '생활할' 권리로 규정하고 있다. 법원은 "헌법 제35조 제1항에서 정하고 있는 환경권에 관한 규정만으로는 그 권리의 주체·대상·내용·행사방법 등이 구체적으로 정립되어 있다고 볼 수 없다"며, 헌법상의 환경권에 기하여 행정처분을 다툴 원고적격을 인정하지 않는다(대법원 2006. 3. 16. 선고 2006두330 전원합의체 판결).

또한 민사소송에서도 "헌법상의 기본권으로서 환경권에 관한 규정만으로는 그 보호대상인 환경의 내용과 범위, 권리의 주체가 되는 권리자의 범위 등이 명확하지 못하여 이 규정이 개개의 국민에게 직접으로 구체적인 사법상의 권리를 부여한 것이라고 보기는 어렵고, 사법적 권리인 환경권을 인정하면 그 상대방의 활동의 자유와 권리를 불가피하게 제약할 수밖에 없으므로, 사법상의 권리로서의 환경권이 인정되려면 그에 관한 명문의 법률규정이 있거나 관계법령의 규정취지나 조리에 비추어 권리의 주체, 대상, 내용, 행사방법 등이 구체적으로 정립될 수 있어야 한다"며, 환경권에 기하여 국가가 아닌 사인을 직접 상대로 하여 사법적 구제수단인 가처분을 구할 수 없다고 하였다(대법원 1995. 5. 23. 자 94마2218 결정).

> 법원은 환경의 보전이라는 이념과 산업개발 등을 위한 개인활동의 자유와 권리의 보호라는 상호 대립하는 법익 중에서 어느 것을 우선시키고, 또 이를 어떻게 조정, 조화시킬 것인지 하는 것은 기본적으로 국민을 대표하는 국회에서 법률에 의하여 결정하여야 할 성질의 것이다. 헌법 제35조 제2항에서 "환경권의 내용과 행사에 관하여는 법률로 정한다"고 규정하고 있는 것도 이러한 고려에 근거한 것이라 여겨진다.

어기서 보는 바와 같이, 헌법상 기본적 권리로서 환경권은 정부를 상대로 행정처분의 위법성을 다투는 행정소송에서 원고적격을 부여하는 규범적 효력을 갖지 못한다. 또한 사인을 상대로 환경권의 침해를 주장하며 일정한 사법적 구제를 구할 수도 없다(다만 법원은 환경이익이 생활이익으로서의 가치가 인정되는 경우에 한하여

법적 보호대상이 된다며, 이 경우 소유권 등 물권으로써 생활이익
으로서의 환경이익을 보호해주고 있다(대법원 1995. 5. 23.자 94마
2218 결정; 대법원 1995. 9. 15. 선고 95다23378 판결; 대법원 1997.
7. 22.선고 96다56153 판결 등 참고. 한편 다소 이례적으로 소유권
과 함께 환경권을 인용한 판결은 대법원 2008. 9. 25.선고 2006다
49284 판결). 한마디로 행정소송과 민사소송에서 공히 환경권의 구
체적 권리성은 부정된다.

환경보전과 개인활동의 자유와 권리를 위계가 없는 동등한 가치
와 이익을 지님을 전제로 상호 대립하는 법익의 조정문제로 환치하
는 문제접근방식에서 전환이 요구된다. 환경(질)을 훼손 또는 저하
시키지 아니하는 한도 내에서 개인활동의 자유와 권리가 보장된다
는 가치질서가 정립되어야 한다. 이를 위한 기초작업으로 우선 환경
권을 개인의 생활할 권리에서 한 걸음 나아가 환경을 적극적으로 향
유할 권리로 정립하는 것이 필요하다고 본다.

환경을 향유하는 행위가 우리의 일상생활공간에 이루어지고 있
으므로 환경이익은 생활(상의) 이익과 부분적으로 겹치는 것은 사실
이다. 하지만 기본적으로 환경이익은 사람이 환경을 의도적으로 혹
은 비의도적으로 누리는(향유하는) 이익으로 파악하는 것이 보다 직
접적이고 적절한 이해라고 본다.

그리고 더 중요한 것은 이러한 향유는 개체적으로 누리지만 본질
적으로는 집단적으로 누리는 것이라는 점에 대한 이해이다. '더불어'
라는 문구는 바로 이러한 환경권의 개체적 권리이면서 동시에 그것
을 넘어서는 집단적 권리로서의 성격을 나타내기 위한 의도적 용어
선택이다.

생태계를 포함한 자연환경은 미래세대를 포함하여 우리들이 집합적 관계로서 이용, 향유하는 공동자원commons이다. 따라서 공동자원으로서 환경을 누군가가 훼손하거나 오염시키는 등으로 남용하거나 오용한다면 이는 곧 다른 사람들이 갖는 이용, 향유할 이익을 침해하는 것이 된다. 환경권을 이처럼 개체적 권리의 성격을 넘어 집단적 권리로 표현함으로써 환경권은 각자가 누리는 이익이지만 동시에 과도하거나 부적절한 자신의 향유가 다른 사람의 향유에 부정적인 영향을 미칠 수 있다는 점에서, 자신의 이익과 불가분적으로 결합된 타인의 향유이익을 존중해야 한다(곧 환경을 보전하는데 노력해야 한다)는 원리를 자연스럽게 도출할 수 있게 된다.

이와 같이 환경권을 이해한다면, 환경권은 "다른 사람들의 향유와 공존할 수 있는 내용과 방법"으로 특정한 환경을 향유할 수 있는 권리로 해석될 수 있다. 나아가 이러한 이해와 해석은 사법영역에서 법원이 환경권을 근거로 사인에 의한 환경 오염 또는 훼손 행위를 금지할 수 있도록 하는 길을 열어줄 것이다.

4) 미래세대에 대한 책임

자연환경은 인류가 생존하기 위한 전제조건이다. 국가는 현재 살고 있는 사람을 보호해야 할 의무가 있는 것처럼 장래에 살게 될 세대를 보호할 의무가 있다(홍성방, 610). 달리 말하면 환경은 '또한' 우리 미래세대의 공동자산이므로 환경의 이용에는 미래세대의 이익이 충분히 고려되어야 한다.

독일연방공화국 기본법 제20조 a. 국가는 "또한 미래세대에 대한 책임을 지고 자연적 생활기반과 동물을 보호한다."고 한다. 독일연방공화국 기본법에 "또한 미래세대에 대한 책임을 지고"라는 문구가 삽입된 경위는 흥미롭다. 독일은 1970년대 초부터 환경권 내지 환경보호를 기본법에 규정할 것인지를 둘러싸고 20년 이상 정당정책으로 논의가 진행되어왔다. 그리고 마침내 1994년 10월 27일 제42차 기본법 개정을 통하여 기본법 제20a에 환경보호를 수용하면서 논의를 일단락지었다. 그리고 2002년 7월 26일 제50차 기본법 개정을 통해 제20a조에 동물보호를 추가하게 되었다.

당시 환경보호를 기본법에 어떻게 수용할 것인지를 둘러싸고 '인간중심적' 환경보호와 '자연중심적' 환경보호의 입장이 대립하였다. 기민당과 기사당은 환경보호라는 국가목표가 추구하는 보호법익은 오직 인간의 자연적 생활기반이며, 독자적인 환경보호는 헌법의 인간중심적인 전체 구도에 맞지 않다고 하였다. 뿐만 아니라 기본법 제1조 제1항은 인간이 모든 국가규율과 조치의 기준이자 중심임을 입증하고 있다며 인간중심적 환경보호를 주장하였다.

반면 사민당은 환경은 그 자체를 위하여 헌법의 보호를 필요로 한다고 주장하였다. 인간중심적인 것은 결과적으로 다른 현실적 이익들이 환경보호에 항상 우선될 것이므로 환경보호에 상당한 제약을 초래할 것이라며 자연중심적 환경보호를 주장하였다.

이와 같이 대립하는 입장을 절충하기 위하여 기민당과 기사당이 제안한 "인간의 자연적 생활기반"에서 "인간의"라는 명백한 인간중심적 표현을 삭제하고 대신 "미래세대들에 대한 책임을 지고"를 첨가하였다(고문현. 2005, 38).

5) 국가목표(규범)로서 환경보호의 강화

환경보호를 헌법에 성문화하는 방식은 크게 ①기본권 형식으로 규정하는 경우와 ②국가목표(학자마다 정의를 조금씩 달리하고 있으나 여기서는 "국가에 일정한 과제의 지속적 준수와 이행을 명하는 구속력을 가진 헌법규범" 정도로 파악한다) 형식으로 규정하는 경우가 있다.

국가목표 형식으로 규정하는 나라 중 대표적인 나라는 국가는 자연적 생활기반과 동물을 보호한다고 규정한 독일이다.

○ 독일기본법 제20조a

국가는 또한 미래세대에 대한 책임을 지고 헌법질서의 범위 내에서 입법에 의하여 그리고 법률과 법의 척도에 따라 집행권과 사법권에 의하여 자연적 생활기반과 동물을 보호한다.

환경보호를 헌법에 수용하는 형식에는 각각 장·단점이 있다고 지적된다. 권리형식은 국민의 환경의식에 고무적으로 작용하여 환경운동을 통합시키고, 환경상의 이익이 기본권 차원에서 논해지므로 환경보호를 강화시킬 수 있다고 한다. 그러나 자연경관과 생물다양성과 같이 환경적 보호법익들은 개인적 법익이 아니므로 결국 환경보호의 과제를 주관적 권리를 보장하는 방식으로는 한계가 있다고 한다.

국가목표 형식은 이러한 한계를 극복할 수 있다는 점에서 장점이 있다. 하지만 국가목표규정에 의하여 부과된 과제를 실현하는 방법과 시기는 입법자의 결정에 맡겨져 있는데(앞서 본, 환경 보전과 개인의 자유와 권리라는 서로 대립하는 이익의 조정은 기본적으로 국회에서 법률에 의하여 결정하여야 할 성질의 것이라고 한 판례를 상기하라), 이것이 오히려 환경보호의 방치 내지 소홀로 귀결될 우려가 있다고 한다(박균성·함태성, 40-1).

앞서 언급한 것처럼 독일의 경우 23년이라는 오랜 시간 동안 논쟁을 거쳐 마침내 국가목표 형식으로 헌법에 수용되게 되었다. 그러나 우리는 1980년 헌법 도입 당시 이에 관해서는 자세한 논의가 이루어지지 못하였다(법제처, 155-9).

우리 헌법은 권리 형식을 따랐다. 일단 그렇게 된 이상 이 방식을 유지하는 것이 매우 불합리하다는 특별한 사정이 없다면, 국민의 기본적 권리로 35년 이상 인정되어 오던 상태를 존중해주는 것이 헌법규범적으로도, 헌법정책적으로도 바람직하다고 본다. 다만, 앞에서 잠깐 언급했지만 자연환경은 개인이나 특정 집단에게 전적으로 귀속시킬 수 없는 보호법익이라는 점을 감안해야 한다. 따라서 권리형식을 유지하면서 환경보호에 관한 국가과제를 더 명확히 규정하는 것이 좋다고 본다.

6) 법률유보 조항의 삭제

"환경권의 내용과 행사에 관하여는 법률로 정한다"는 현행 헌법 제35조 제2항은 1987년 헌법개정을 통해 삽입되었다는 점은 앞에서 언급하였다. 법률에 환경권의 내용등을 정하도록 맡기고 있는 이러한 조항을 '법률유보 조항'이라 한다. 법률유보 조항은 사회적 기본권에서 종종 찾아볼 수 있는데, "신체장애자 및 질병·노령 기타의 사유로 생활능력이 없는 국민은 법률이 정하는 바에 의하여 국가의 보호를 받는다"는 헌법 제34조 제5항이나, "모든 국민의 재산권은

 공동자원론, 생태헌법을 제안한다

보장된다. 그 내용과 한계는 법률로 정한다”는 헌법 제23조제 1항등이 대표적인 경우다.

그런데 법원이 법률유보조항을 근거로 환경권의 구체적인 내용과 행사는 법률에 의하여 ‘비로소’ 정립된다는 식으로 이해하면서 환경권의 구체적 권리성을 부정하는 태도를 취했다.

독일에서 환경보호의 헌법적 수용 여부를 둘러싸고 논의가 한창인 때 ‘법률유보 조항’의 도입 여부를 두고서도 찬반의견이 팽팽히 맞섰다. 기민당과 기사당측은 환경보호라는 헌법적 보호법익은 동등한 헌법적 가치를 가진 경제성장 등과 갈등을 일으키게 될 것인데 이때 입법자가 이익형량을 통해 그 충돌을 해결할 수 있다는 이유로 조항의 도입에 찬성하였다. 반면 사민당측은 법률유보조항을 두게 되면 환경보호가 결국 그때 그때 의회 내 다수파의 손에 맡겨질 것이고, 환경보호가 단순히 입법자의 재량에 일임되는 경우 사실상 헌법적 성질을 상실하게 되어 二流의 국가목표가 될 것이라고 주장하며 반대하였다(고문헌. 2005, 38-9).

생각건대, 이 조항은 양날의 칼의 특성을 가진다. 이른바 법률유보 조항은 입법자에 환경권 보장과 실현을 위하여 입법과제를 명시적으로 부과하고 있다는 점에서 일단 긍정적이다. 하지만 동시에 법률유보 조항은 환경권은 법률이 정하지 않는 한 단지 추상적인 권리일 뿐이다는 식으로 헌법적 실효성을 약화시키는 방향으로 해석하는 근거가 될 수 있다는 점에서 부정적이다.

현재 환경부 소관 환경법으로 2016. 5. 기준으로 대기·수질·폐기물·토양·자연환경 등 분야 총 59개 법률이 제정되어 환경법체계는 (적어도 양적으로) 여느 선진국 못지 않게 어느 정도 정비되어 있

다고 평가할 수 있다. 그렇게 본다면 위 제2항의 법률유보조항은 충
분히 자신의 역사적 소명을 다한 것이 아닌가 생각된다. 그렇다면
이제 이 조항을 삭제함으로써 남아 있는 법률유보조항의 부정적 기
능을 제거하는 것이 맞다고 본다(이 조항이 없더라도 입법자는 환경
법률을 제정할 수 있음은 말할 필요조차 없다).

7) 동물 보호 조항의 신설

동물보호는 지구 위 생명공동체를 구성하는 생명들의 존재가치와
이익에 대한 최소한의 존중의 표현이다. 독일기본법이 2002년 7월
26일 제50차 기본법 개정을 통해 제20a조에 동물보호를 삽입하였음
은 앞에서 언급하였다. 당시 개정이유는 다음과 같다.

> 동물보호가 국가목표로 규정됨은 동물과 공존하는 인간의 도덕
> 적 책임을 고려한 것이며 고등동물이 느끼는 고통과 자각에 대
> 해서는 인간행동에 대한 **도덕적 최저기준**이 요청된다. 때문에 공
> 존하는 생명체로서의 동물을 존중하고 고통을 감소시킬 의무가 수
> 반된다. 이러한 의무는 동물보호를 핵심내용으로 하는 실정법에서
> 나타난다. 세 가지 요소가 중요한 데 적절치 않는 행동, 회피가능
> 한 고통, 생활공간의 파괴로부터의 보호가 그것이다.(박규환, 13).

2002년 독일기본법에 앞서 1998년 5월 25일 제정된 독일 동물
보호법TierschutzG은 제1조에서 입법 목적을 다음과 같이 들고 있다.
"이 법의 목적은 공존체로서의 동물을 위한 인간의 책임에 근거하여
동물들의 생명과 안녕을 보호하는 것이다. 이성적 판단에 기인하지

않은 동물에 대한 통증, 고통 혹은 손상은 허용되지 않는다". 전통적으로 민법에서는 동물을 물건Sache로 취급하였다. 하지만 1990년에 민법 제90a조로 "동물은 물건이 아니다. 동물은 별도의 법률에 의하여 보호된다. 그에 대해 달리 정하고 있지 않는 경우 물건에 관한 규정이 준용된다."는 내용이 신설하면서 동물은 더 이상 물건이 아니게 되었다(박규환, 15).

독일에서 동물보호 규정 도입 이후 라인란트-팔쯔 주지사가 「농장의 이용동물과 다른 동물적 용품을 생산하기 위해 사육되는 동물의 보호명령-산란계규정」등이 기본법 제20a조를 위반하였다며 헌법재판을 청구하였다.

연방헌법재판소는 이 규정이 동물보호를 국가목표로 정한 기본법 제20a조에서 도출되는 (동물보호위원회의) 청문(의무)을 단지 형식적으로 거쳤고 또 공개적이지 아니하였다 등의 절차상 하자를 들어 무효임을 선언하였다(김수진, 231-2).

2014년 2월 5일 개정된 새규정에 따르면 2026년부터 독일에서 닭의 사육방식은 자연방사나 바닥사육 등 친환경적인 사육만이 허용되게 된다. 2012년말 기준으로 독일에서 키워지는 산란닭의 3분의 2는 평사(큰 공간에서 바닥사육)에서, 14.8%는 자유방사로, 13.4%는 닭장에서 사육되고 있다. 독일 정부는 "자유가 더 맛있다"라는 표어를 내세우며 동물사육형대의 개선을 추진하는 한편 달걀이 어디에서 자란 닭에게서 나왔는지를 알리는 등급표시제를 도입하였다. 그 결과 2012년말 기준 슈퍼마켓에 진열된 달걀 중 닭장에서 길러진 닭에서 나온 것은 약 13.4%로 2004년의 약 60%에 비해 그 점유율이 현저히 줄어들었다(김수진, 233).

2011년 법무부 산하 제3기 민법개정위원회에서는 우리 민법에 동물관련 조항을 신설하려는 개정노력이 있었다. 당시 제2분과위원회의 개정시안은 다음과 같았다(윤철홍, 262-8).

제98조의2(동물의 법적 지위)

현행	개정 시안
(신설)	①동물은 물건이 아니다. ②동물은 별도의 법률에 의하여 보호된다. ③동물에 대해서는 다른 특별한 규정이 없는 한 물건에 관한 규정이 준용된다.

제211조(소유권의 내용)

현행	개정 시안
소유자는 법률의 범위 내에서 그 소유물을 사용, 수익, 처분할 권리가 있다.	① 현행과 동일 ② 동물의 소유자는 소유권의 행사 시에 동물의 보호를 위한 특별규정을 준수하여야 한다.

제752조의2(동물의 살상시 손해배상)

현행	개정 시안
(신설)	①가정에서 사육하는 가축이나 영리목적으로 소유한 것이 아닌 동물을 상해한 자는 치료비용이 동물의 가치를 초과한 때에도 신의칙상 적절한 범위 내에서 치료비용을 배상할 책임 있다. ②제1항에서 규정하고 있는 동물을 살상케 한 자는 동물의 보유자 혹은 그 가족이 입은 정신적인 손해에 대해서도 배상할 책임이 있다.

　　동물은 물건이 아니라는 선언은 얼핏 소극적인 규정 아닌가 하는 생각이 들 수도 있다. 하지만 이 선언 자체는 앞으로 법체계에 커다란 변화를 가져다줄 사고전환의 씨앗이 될 수 있다. 알다시피 우리 인간의 법체계는 사람: 권리주체-사물: 권리객체라는 이른바 2분법적 체계에 기초해있다.

　　그런데 종래 물건으로 분류, 취급되어오던 동물을 더 이상 물건이 아니라고 선언함으로써 3분법적 체계로 이행하게 된 것이다(윤철홍, 261).

8) 동물보호단체의 참여권 보장

2014년 동물보호단체가 주도하여 이른바 공장식축산업을 허용하고 있는 현행 축산법이 건강권 등 헌법상 기본권을 침해한다는 이유로 헌법소원을 제기한 적이 있다. 헌재는 가축사육시설의 환경이 지나치게 열악할 경우 그러한 시설에서 사육되고 생산된 축산물을 섭취하는 인간의 건강이 악화될 우려가 있으므로 그러한 헌법소원은 적법하다고 하였다(그러나 국민의 생명·신체의 안전에 대한 국가의 보호의무에 관한 과소보호금지원칙에 위배되었다고 볼 수는 없다며 심판청구를 기각하였다; 헌재 2015. 9. 24. 2013헌마384).

　　여기서 알 수 있는 바와 같이 공장식 축산업을 동물의 복지나 행복 등을 침해하는 것을 문제삼고 있는 것이 아니라 열악한 시설에서 사육된 동물을 축산물로 소비하는 경우 발생할 수 있는 인간의 건강 침해를 문제삼고 있는 것이다.

　　헌법에 동물보호 규정이 도입되게 된다면, 이 문제의 쟁점(심리대상)은 가축사육시설의 허가기준이 "국민의 생명·신체의 안전에 대한 국가의 보호의무를 위반하였는지”여부가 아니라 “동물의 생명과 안녕, 복지에 대한 국가의 보호의무를 위반하였는지”여부가 쟁점이 될 것이다. 2016년 독일에서 '수간행위를 금지한 독일 동물 보호법이 개인의 자유를 침해한다'며 제기된 헌법소원에 대해 독일 헌법재판소는 '부자연스러운 성적인 공격으로부터 동물을 보호해야할 의무가 원고들이 거론한 성행위의 자기결정권리에 우선한다'며 위헌심판청구를 기각한 바 있다.

동물보호 규정이 있고 없고에 따라 작게는 재판심리의 내용이 달라지게 될 것이고, 크게는 우리가 공장식 축산업 문제에 접근하는 관점이 달라지게 될 것이다. 후자의 변화가 더 중요한 것임은 굳이 강조하지 않아도 될 것이다. 공장식 축산은 인간의 건강에 부정적 영향을 미칠 수 있어서도 나쁘지만, 더 본질적인 것은 그것이 동물의 생명존엄성과 안녕을 침해하는 환경이라는 점에 있다. 동물보호 규정이 헌법질서 내로 들어오게 된다면 현행 동물에 관련한 공법 규정들은 헌법정신에 비추어 다시 검토되어야 할 것이다. 또한 앞서 본 바와 같이 민법에도 동물의 법적 지위에 관해서도 적절한 입법이 이루어질 것이다. 그럼으로써 지금까지 인간(법인) 이외의 것들을 모두 객체로 취급하는 우리 인간의 이분법적 법체계에 일정한 균열이 생기면서 보다 생명과 자연을 존중하는 법체계로 나아가는 환경이 조성되게 될 것이다.

여기서 우리가 유의할 것이 있다. 독일은 이른바 추상적 규범통제를 채택하고 있다. 따라서 구체적 사건을 전제하지 않고 어떤 법규가 동물보호 규정에 위반되었는지 여부를 법원(헌법재판소)에 가져 갈 수 있다. 그러나 우리나라는 구체적 규범통제를 취하고 있으므로 동물보호 규정에 위반한 법규로 인하여 자신의 건강권 등 기본권 침해가 있어야지 동물보호 규정 위반문제를 법원에 가져갈 수 있다.

동물보호 규정이 헌법체계로 들어온다면 그것은 동물보호가 인간의 이익과는 별개의 헌법적 보호법익이 된다는 의미이다. 그런데 헌법재판제도가 구체적 규범통제로 운영되다보니 동물보호 위반을 다시 인간의 이익침해와 '인과적'으로 연결시키는데 성공해야지만 헌법재판을 받을 수 있게 된다는 불합리가 발생하게 된다.

이러한 상황에서는 주로 국가에 의한 성실한 동물보호의 노력에 기댈 수 밖에 없다. 그러나 국가는 동물보호말고도 그 밖의 다른 헌법적 이익을 보호하고 또 실현해야 하는데 이러한 경합하는 이익들 사이에서 이루어지는 형량과정에서 동물보호의 이익이 적정하게 반영되지 않을 위험이 늘 따른다.

따라서 동물의 이익을 적절하게 대변해줄 수 있는 주체로서 동물보호단체의 활동을 적정한 수준으로 보장해줄 필요가 있다. 동물보호에 관한 입법·행정·사법과정에서 동물보호단체의 적절한 활동이 보장될 때 비로소 동물보호에 관한 헌법규정이 현실에서 실천적 규범력을 발휘하게 될 것이다. 따라서 동물보호 규정과 동물보호단체 규정은 소위 패키지 형태로 도입되어야 한다.

참고로 **스위스연방 헌법**은 제80조에서 동물의 보호를 상세히 규정하고 있다.

① 연방은 동물의 보호에 관한 법률을 제정한다.

② 연방은 다음 사항을 규율한다.

  a. 동물의 보호 및 취급

  b. 동물실험 및 야생동물 매장 절차

c. 동물의 이용

d. 동물 및 동물성 제품의 수입

e. 동물의 거래 및 수송

f. 도축

③ 연방규정은 법률에서 연방이 집행하도록 정하지 아니하는
한 주가 집행한다.

9) 주거 보장 조항의 위치 이동

주거 보장에 관한 내용이 환경권 조항에 들어와 있는 것은 체계상 어
울리지 않는다. 따라서 이 조항은 제35조에서 삭제하고, 대신 현행
헌법 제34조의 인간다운 생활을 할 권리에서 규정하는 것이 맞다.

4. 헌법 제119조 개정안

표 5 **헌법 제119조 현행-개정안 대비표**

현행	개정안
제119조 ①대한민국의 경제질서는 개인과 기업의 경제상의 자유와 창의를 존중함을 기본으로 한다. ②국가는 균형있는 국민경제의 성장 및 안정과 적정한 소득의 분배를 유지하고, 시장의 지배와 경제력의 남용을 방지하며, 경제주체간의 조화를 통한 경제의 민주화를 위하여 경제에 관한 규제와 조정을 할 수 있다.	제119조 ①대한민국의 경제질서는 생산과 소비의 기반이 되는 자연의 재생능력의 유한함에 대한 인식을 바탕으로 개인과 기업의 경제상의 자유와 창의를 존중함을 기본으로 한다. ②국가는 균형있는 국민경제의 성장 및 안정과 적정한 소득의 분배를 유지하고, 시장의 지배와 경제력의 남용을 방지하며, 경제주체간의 조화를 통한 경제의 민주화와 자연의 순환과정과 재생능력을 고려한 경제발전을 위하여 경제에 관한 규제와 조정을 할 수 있다.

〔개정안 제안 이유〕

1) 지구의 생태적 한계 내에서 삶과 경제 발전 모델

다음 그림은 자연-사람-경제의 관계(위계)에 관한 두 가지 모델을
나타낸 것이다. 왼쪽이 현재의 지속가능성에 기반한 모델이고 오른
쪽은 자연의 생태적 한계 내에서 인간의 경제와 사회 발전을 추구한
다는 전략에 기반한 모델이다.

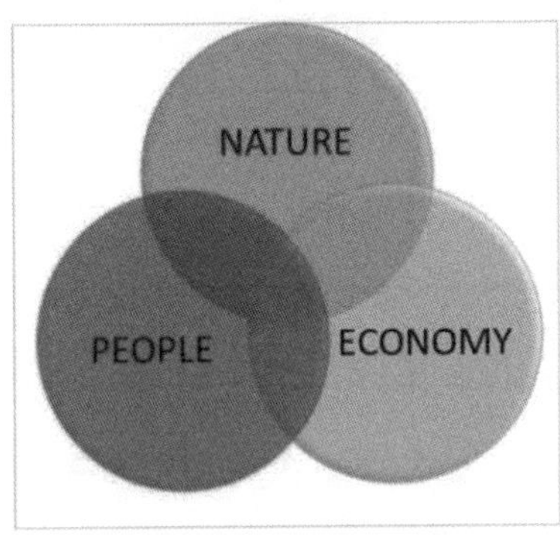

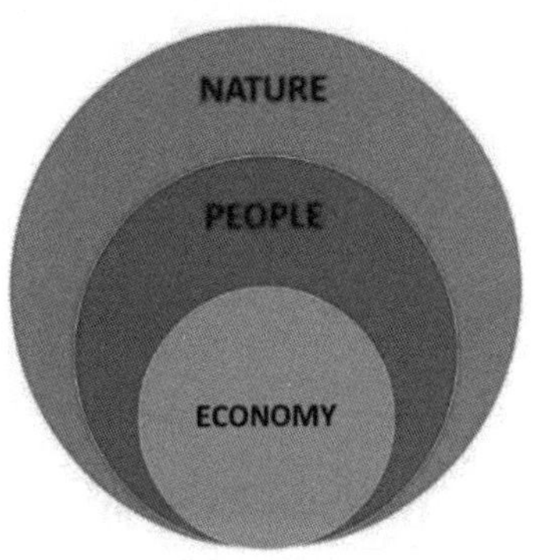

그림 2　지속가능성 모델과 자연의 권리 모델

출처: Nature's rights: a new paradigm for environmental protection by
Mumta Ito, ECOLOGIST(2017, May)

1982년 유엔총회에서 채택된 세계자연헌장(WORLD CHARTER
FOR NATURE, General Assembly of the United Nations 1982)
은 자연보호에 관한 5가지 일반원칙을 채택하였다.

이중 첫째 원칙은 "자연은 존중되어야 하고, 그 핵심 순환과정은
침해되어서는 안 된다(Nature shall be respected and its essential
processes shall not be impaired)"것이다. 넷째 원칙은 "인간이 개

발, 이용하는 토양과 해양 그리고 대기자원 뿐 아니라 생태계와 유기체도 최적의 지속가능한 생산성을 달성, 유지하도록 관리되어야 한다. 그 관리는 그러나 다른 생태계 또는 공존하는 다른 종의 온전성을 위태롭게 하는 방식이어서는 안 된다."는 것이다.

2) 자연의 순환과정과 재생능력의 보존

자연의 순환과정이 훼손되어 자연이 그 재생능력을 잃어갈 때 그것이 인간 삶에 미치는 영향에 대해 예를 들어 설명하면 이러하다. 한 갯벌에서 해마다 꼬막이 넉넉히 생산되어 왔다. 그런데 갯벌로 흘러들어가는 하천의 상류에 댐이 들어서면서 민물과 토사 그리고 유기성 영양물질의 공급이 현저히 줄어들었다. 이렇게 되자 갯벌이 형성된 기수역(강과 바다가 만나는 지역)의 염도가 높아지고, 또 새로운 토사와 영양물질이 줄어들면서 갯벌의 생태환경이 급격히 변해간다. 이러자 갯벌에 숨구멍을 만들든 갯지렁이 등 갯벌의 저서생물이 죽어가고, 그러면서 갯벌 또한 점점 건강성을 잃어가며 마침내 '죽뻘(죽은 갯벌)'로 변한다. 갯벌의 오염물질 정화기능과 물고기의 서식산란처 기능 등을 잃은 바다 또한 점점 생명력을 잃어가며 취약한 생태계로 변해간다. 지금까지 갯벌과 바다에 기대 조개와 고기를 잡아가며 어촌 공동체를 유지해오던 어부들은 삶의 터전의 잃고 뚜렷한 생계대책 없이 도시로 나아간다. 이것이『시화호 사람들은 어떻게 되었을까』(한경구외 지금, 솔, 1996)라는 문화인류학적 보고서가 기술하고 있는, 불가분적으로 연결된 자연환경과 인간 삶의 적나라한 모습이다.

자연환경은 우리 인간 경제질서의 불가결한 기반이다. 우리들은 자연을 재생할 수 없다. 자연은 오로지 스스로 재생할 수 있다. 그리고 이러한 자연의 재생능력은 자연의 순환과정이 유지될 때 비로소 발휘되는 것이다. 하천에 댐 건설은 산과 하천 바다(그리고 그 속에서 각종 생명체)로 이어지는 순환과정을 훼손한다. 물론 댐은 인간의 생활과 생산에 필요한 용수공급을 위하여 또 홍수통제를 위하여 필요할 수 있다. 하지만 댐에 의한 자연의 순환과정이 거듭해서 훼손되어 간다면 우리는 물론 미래세대의 생존·번영가능성은 그만큼 줄어들게 된다. 따라서 우리와 미래세대를 위하여 또한 생명공동체의 다른 성원을 위하여 현재 경제질서는 자연의 순환과정을 존중, 유지함으로써 우리 공동체의 물질적(·정신적) 번영의 기반인 자연의 재생능력을 유지할 수 있도록 해야 한다.

여기서 제안하는 조항은 국가에 자연의 순환과정을 존중, 유지할 수 있는 그럼으로써 생태적으로 지속가능한 사회로 나아갈 수 있는 지혜와 방법을 찾도록 하는 과제를 부여하게 될 것이다.

5. 헌법 제120조 개정안

표 6　헌법 제120조 현행-개정안 대비표

현행	개정안
①광물 기타 중요한 지하자원·수산자원·수력과 경제상 이용할 수 있는 자연력은 법률이 정하는 바에 의하여 일정한 기간 그 채취·개발 또는 이용을 특허할 수 있다.	①광물 기타 중요한 지하자원·수산자원·수력과 경제상 이용할 수 있는 자연력은 법률이 정하는 바에 의하여 일정한 기간 그 채취·개발 또는 이용을 특허할 수 있다.
②국토와 자원은 국가의 보호를 받으며, 국가는 그 균형 있는 개발과 이용을 위하여 필요한 계획을 수립한다.	② 삭제[1]

현행	개정안
	② (신설) 생태적·경관적 가치가 큰 국토와 자연자원은 모든 국민의 공동자산으로, 국가는 (공공)수탁자로서 법률이 정하는 바에 따라 이를 보전·유지하여야 한다.[2] ③국민은 법률이 정하는 바에 따라 법원에 공동자산의 보호를 구할 수 있다.[3]

〔개정안 제안 이유〕

1) 특별한 자원의 특별한 보호: 공공신탁 법리

국토부분은 제122조에서 같이 규정, "자원은 국가의 보호를 받는다"는 일반적 보호부분은 삭제하고 제2, 3항에서 특별한 보호에 관하여 규정한다.

앞서 언급한 1982 유엔 세계자연헌장의 일반원칙 2는 다음과 같다.

2. 지구상의 유전적 생존성genetic viability이 훼손되어서는 아니 된다. 야생이든 가축화된 것이든 모든 생명체의 수적 규모는 적어도 종을 유지하는데 충분한 수준이어야 하고, 이를 위하여 필요한 서식지는 보호되어야 한다.

3. 지구 위 육지와 바다의 모든 지역에 보전 원칙이 적용되어야 한다. 독특한 지역과 서로 다른 각각의 생태계 유형을 대표하는 표본 그리고 희소하거나 멸종위기에 처한 종의 서식지는 특별히 보호되어야 한다.

일정한 자연자원은 특별한 보호를 받아야 한다. 이러한 사상에 기반하여 발전한 법리가 바로 공공신탁법리public trust doctrine다. 공공신탁법리를 헌법에 수용해야 할 필요성은 새만금사업, 4대강사업, 설악산케이블카 사업 등이 웅변적으로 말해주고 있다. "국토와 자연자원은 국가의 보호를 받는다"고 헌법은 규정하고 있다. 하지만 그간 우리 사회에서는 오히려 정부가 특별히 보호받아야 할 귀중한 자연환경을, 그것도 특별법을 남발하면서까지 훼손하고 대규모로 변경한 사례가 적지 않다. 환경영향평가법등 환경보호법이 갖추어져 있으나, 정부(지자체 포함)는 엄격한 규제규정을 회피하기 위하여 특별법을 만들어 사업을 추진하려 할 수 있다. 대표적 사례가 「친수구역 활용에 관한 특별법」이다.

공공신탁법리는 순수 외국 법제나 법리가 아니다. 우리나라의 경우 고려시대 이래 山林川澤은 '一國人民共利地', '與民共利地'하여 私占을 금지되는 등 국가의 특별한 보호를 받아왔다(심희기, 192).

한편 미국의 공공신탁법리를 깊이 있게 연구한 학자는 공공신탁의 법리를 헌법에 다음과 같이 규정할 것을 제안한 바 있다."국가 소유의 모든 자연자원은 국민 전체의 이익을 위하여 국가에 신탁되어 있다. 국가는 이러한 자연자원의 수탁자로서 이를 보전하고 보호할 의무를 지고 이에 반하는 정책을 추진하여서는 아니된다."(조홍식, 227)

따라서 헌법에 공공신탁법리를 규정함으로써 특별법 형식 등을 통한 귀중한 자연환경의 훼손을 사전에 억지하고 이를 보전하여 미래세대에게 물려줄 수 있도록 하는 법이념 내지 법논리를 제시해야 할 필요가 있다. 이러한 공공신탁법리는 다음과 같은 기능을 가지게 될 것이다.

(1) 시민 측면: 자연자원에 대한 공적권리 인정(국가가 신탁의무를 위반한 경우 국민이 법원에 소를 제기할 수 있는 자격의

법적기초),

  (2) 정부 측면: 신탁의무(선관의무) 부과를 통해 '보전을 우선하는' 방향으로 국가의 관리 권한(재량) 행사의 방향성을 제시 (개발과 보전간의 균형이 아니라 보전우선적으로),

  (3) 사법부 측면: 이러한 자연자원의 개발행위에 대한 엄격 심사 촉구(자연환경에의 간섭이 불가피한지라는 측면에서 대안 존부 심사, 훼손 최소화 원칙 준수 심사 등)

6. 헌법 제122조 개정안

표 7   헌법 제122조 현행-개정안 대비표

현행	개정안
국가는 국민 모두의 생산 및 생활의 기반이 되는 국토의 효율적이고 균형있는 이용·개발과 보전을 위하여 법률이 정하는 바에 의하여 그에 관한 필요한 제한과 의무를 과할 수 있다.	국가는 국민 모두의 생산 및 생활의 기반이 되는 국토·영해·영공을 자연 상태로 유지하고 생태적 지속성을 보호하며, 효율적이고 균형있는 보전과 이용·개발을 위하여 법률이 정하는 바에 따라 환경에 관한 계획과 연계하여 계획을 수립하고, 필요한 제한과 의무를 과할 수 있다

〔개정안 제안 이유〕

1) 국토 · 영해 · 영공의 자연 상태의 유지와 생태적 지속성 보호

국토·영해·영공은 현세대의 욕구를 충족하고 버려지는 것이 아니라 미래세대의 욕구를 충족할 수 있도록 계속 보전되어야 한다. 유엔이 제시한 '지속가능한 발전'의 핵심은 바로 이것이다. 이러한 점에서 국토의 이용과 보전에 관한 헌법 제122조는 생태적 지속성을

명확히 규정하여야 한다.

2) 국토계획과 환경계획의 연동

2013. 7. 국토교통부는 보도자료(제목: 국토교통부와 환경부간 협업을 통한 '국토계획과 환경계획 연동제' 도입 본격 추진)를 통해 "환경과 조화를 이루는 개발사업 추진을 유도하고, 국토·도시계획과 환경계획을 연계하여 지속가능한 국토를 구현하기 위하여" 환경부와 협업을 통하여 '국토-환경계획 연동제'도입을 본격적으로 추진하겠다고 밝혔다. 국토계획을 환경계획에 연동시키는 것은 지속가능한 국토관리를 위한 가장 중요한 제도다.

이제 '국토-환경계획 연계조항'을 통하여 국토-환경계획 연동제를 단순한 제도가 아니라 하나의 국토정책'원리'로 승격시켜야 한다. 이를 통하여 국토 개발 및 이용에 있어서의 지속가능한 발전이라는 헌법원칙을 드러내야 한다.

참고문헌

고문현. 2010. 「저탄소 녹색성장을 위한 비교헌법적 연구」. 『환경법연구』 32권 3호.

김수진. 2014. 「축산동물관련법제에 관한 소고-독일의 동물보호아 농장 동물사육형태에 따른 법적 논쟁이 우리에게 주는 시사점을 중심으로-」. 『법학논집』 19권 제2호.

박규환. 2016. 「독일기본법 제20a조에 관한 연구-생태주의사상의 헌법적 반영-」. 『서울법학』 23권 제3호.

윤철홍. 2012. 『재산법연구』 29권 제3호.

전 훈. 2011. 「프랑스에서의 환경민주주의」. 『환경법연구』 33권 2호.

조홍식. 1997. 「공공신탁이론과 한국에서의 적용가능성」. 『환경법연구』 19권.

한윤정. 2017. 「'생태문명'의 실험-중국은 지구를 구할 수 있을까」.(녹색평론 게재 예정).

법제처. 1980. 『헌법연구반보고서』.

환경부. 2014. 『환경성과지수 관리 및 개선방안 마련 연구 Ⅱ』.

한국헌법학회. 2006. 『헌법개정연구위원회 최종보고서: 헌법개정연구』.

Shiva, Vandana. 2005. 『Earth Democracy: Justice, Sustainability, and Peace』, South End Press.

UN Millennium Ecosystem Assessment. 2005. 『Ecosystem and Human Well-being: Synthesis』.

고문현. 2005.『독일환경법』, UUP.

김홍균. 2014.『환경법 제3판』, 홍문사.

박균성 · 함태성. 2016.『환경법 제7판』. 박영사.

심희기. 1992.『한국법사연구-토지소유와 공동체-』. 영남대학교출판부.

이정전. 2002.『환경경제학』. 박영사.

홍성방. 2009.『헌법학(개정 6판)』. 현암사.

코막 컬리넌(박태현 옮김). 2016.『야생의 법』. 로도스.

도정일. 2017. "문제해결 미루는 '미결사회' 넘자". 〈한겨레〉 특별기고 3월 13일.

　　　http://www.hani.co.kr/arti/opinion/column/786358.html.

04

'공동자원론'의 생태 헌법 제안

홍성태(상지대학교 문화콘텐츠학과)

인간생활은 공동체적인 삶과 개인적 자유가 조화하는 데서 진전한다. 여기서 중요한 개념이 상자이생(相資以生)이다. 사회를 구성하는 요소들 간에는 존재의 차이가 있음과 동시에 각 요소들이 다른 요소에 자원으로 들어가서 새로운 생성을 만들어낸다(김진균(2002), '문명과 야만', 『21세기 진보운동의 기획』, 문화과학사, 2003, 86쪽).

Ⅰ. 머리말

우리의 연구는 생태위기와 위험사회의 상황에 대응해서 안전한 미래를 확보하기 위한 것으로서 국내의 차원을 넘어서 인류의 발전을 모색하는 의미를 갖는다. 우리는 지역의 공동체에 의한 자연의 이용과 관리가 생태위기를 극복하는 데서 대단히 중요한 역할을 할 수 있다는 일리노어 오스트롬의 연구에 동의한다. 오늘날 이 연구는 '커먼즈론', 즉 '공동자원론'으로 정립되어 있다.

그러나 공동자원의 유지는 그 주체인 공동체가 내적으로, 외적으로 지속될 수 있어야 한다. 공동체의 내적 지속은 그 구성원들이 공동체를 계속 지속하는 것이고, 그 외적 지속은 국가나 기업과 같은 외적 주체에 의해 공동체가 파괴되지 않는 것이다. 이를 위해 내적으로 총유제나 합유제에 의해 공동체의 물적 기반을 확보하는 것이 중요하고, 외적으로 '강제수용제' 또는 '공적 수용제'를 적절히 개혁해서 공동체를 보호하는 것이 중요하다.

생태위기와 위험사회의 문제를 극복하는 것은 우리 자신의 존속을 위한 생존의 과제이다. 이런 점에서 이에 관한 적극적인 대응의 과제와 목표를 헌법에 담을 필요가 있다. 헌법은 국가의 기반을 공적으로 확정하는 것으로 모든 공적 제도들을 강제적으로 규제하는 가장 근원적인 공적 제도의 의미를 갖는다. 따라서 헌법은 현재의 요청과 미래의 목표를 모두 포괄하는 내용으로 이루어져야 한다. 개헌은 참으로 중요한 정치적 과제이다.

이런 점에서 21세기의 개헌은 식민과 독재의 유산인 비리의 척결을 통한 정상 국가의 확립은 물론이고 그것에 근거해 생태위기와 위험사회의 문제를 극복하고 진정한 선진화를 이루는 발전의 전망을 제시해야 한다. 우리는 제도주의와 헌정주의의 관점에서 생태적 전환의 과제를 추구해서 그것을 실현해야 한다. 그 요체는 거대한 파괴와 낭비의 토건개발국가를 혁파하고 자연을 존중하고 인간적인 삶을 보장하는 생태복지국가를 확립하는 것이다.

다음의 2절에서 필자는 우리의 연구에 기초해서 헌법의 개정에 관해 제안하고자 한다. 그 방식은 수정문을 제안하고 간략한 설명을 부기하는 것이다. 이어서 3절에서 우리는 헌법의 개정에 따른 관련 법률의 제개정을 제안할 것이다. 우리는 '마을'을 생태공동체의 실제 형태이자 생태복지국가의 실제 기초로 생각한다. 이런 점에서 필자는 '마을'을 기본으로 해서 헌법이 추구해야 하는 '좋은 사회'의 상을 제시할 것이다.

Ⅱ. 헌법의 개정에 관한 제안

우리는 전문과 환경권, 경제의 민주화, 국토의 이용과 보전, 마을과 공동자원 등을 중심으로 헌법의 개정을 제안한다.

* 헌법의 '전문' 수정

〈현행 전문〉

유구한 역사와 전통에 빛나는 우리 대한국민은 3·1운동의 숭고한 독립정신과 4·19의거 및 5·16혁명의 이념을 계승하고 조국의 평화적 통일의 역사적 사명에 입각하여 자유민주적 기본질서를 더욱 공고히 하는 새로운 민주공화국을 건설함에 있어서, 정치·경제·사회·문화의 모든 영역에 있어서 각인의 기회를 균등히 하고 능력을 최고도로 발휘하게 하며 책임과 의무를 완수하게 하여, 안으로는 국민생활의 균등한 향상을 기하고 밖으로는 항구적인 세계평화에 이

바지함으로써 우리들과 우리들의 자손의 안전과 자유와 행복을 영
원히 확보할 것을 다짐하면서, 1948년 7월 12일에 제정되고 1962년
12월 26일에 개정된 헌법을 이제 국민투표에 의하여 개정한다.

〈수정 제안〉

유구한 역사와 전통에 빛나는 우리 대한국민은 3·1운동으로 건립
된 대한민국 임시정부의 법통과 독재에 항거한 4·19, 5·18, 6·10
민주 항쟁을 계승해서 민주개혁과 평화통일을 추구하고, 모든 사회
적 폐습과 불의를 타파하며, 자율과 조화를 바탕으로 자유-사회-생
태민주주의를 수호하여, 국토-영해-영공을 생태적으로 건강하게 보
존-계승하고, 모든 사람이 균등한 기회를 보장받고 최고의 능력을
발휘하며, 자유와 권리에 따르는 책임과 의무를 완수하여, 안으로는
국민생활의 균등한 향상을 기하고, 밖으로는 항구적인 세계평화와
인류공영에 이바지함으로써, 우리들과 자손들의 안전과 행복을 영
원히 확보할 것을 다짐하면서, 1948년 7월 12일에 제정되고 10차에
걸쳐 개정된 헌법을 이제 국회의 의결을 거쳐 국민투표에 의하여 개
정한다.

〈이유〉

3·1운동, 4·19혁명, 5·18항쟁 등은 6.10 민주 항쟁을 통해 비로소
'민주공화국'의 확립으로 귀결되었다. 이런 사실을 널리 알리고 지키
기 위해 전문에 6·10 민주 항쟁의 계승을 밝힌다. 그리고 역사적으
로 민주주의는 자유 민주주의에서 사회 민주주의로, 다시 생태 민주
주의로 발전했다. 생태위기의 현실에 비추어서 이 사실을 올바로 인

식하는 것은 대단히 중요하다. 생태위기는 인류의 멸종을 우려하게 하는 가장 보편적인 위기이다. 그러나 생태위기는 인위적인 위기로서 우리의 노력에 의해 극복할 수 있는 것이다. 이런 점에서 헌법 전문에 생태위기에 대응해서 우리가 추구해야 하는 민주주의의 내용을 정확히 밝힌다. 같은 맥락에서 국토-영해-영공의 생태적 보존을 제시한다.

* '환경권'의 수정

> 제35조 ①모든 국민은 건강하고 쾌적한 환경에서 생활할 권리를 가지며, 국가와 국민은 환경보전을 위하여 노력하여야 한다.
> ②환경권의 내용과 행사에 관하여는 법률로 정한다.
> ③국가는 주택개발정책 등을 통하여 모든 국민이 쾌적한 주거생활을 할 수 있도록 노력하여야 한다.
> ④모든 국민은 생태적이고 안전한 생활을 위해 자연과 마을을 유지하고 생활할 수 있어야 한다.

'환경권'은 헌법이 보장한 기본권으로서 제35조에 규정되어 있다. 그러나 '환경권'은 제대로 보장되지 못하고 있다. 더욱이 오스트롬이 제시한 공동체의 보호는 전혀 고려되어 있지 않다. 자연 환경의 보호는 크게 피구(Arthur Cecil Pigou, 1877~1959) 식의 국가 규제와 코스(Ronald Harry Coase, 1910~2013) 식의 직접거래로 이루어진다. 이에 대해 일리노어 오스트롬(Elinor Ostrom, 1933~2012)은 공동체의 관리와 이용의 방식을 제안했다. 미세먼지와 지구 온난화로 잘 나타나고 있듯이 갈수록 악화되는 생태위기에 적극 대처하기 위해 피구, 코스, 오스트롬의 방식을 모두 적극 활용 해야 한다. 특히 오스트롬의 연구와 제안은 현대의 거대 공업문명의 종식 이후를 대비하는 의미도 갖는 것이기 때문에 헌법의 개정에서 더욱 더 유의해야 할 필요가 있다.

* '경제의 민주화'의 수정

제119조 ①대한민국의 경제질서는 개인과 공동체와 기업의 경제 상의 자유와 창의를 존중함을 기본으로 한다.
②국가는 균형있는 국민경제의 성장 및 안정과 적정한 소득의 분 배를 유지하고, 시장의 지배와 경제력의 남용을 방지하며, 공동 체의 경제활동을 지원하며, 경제 주체 간의 조화를 통한 경제의 민주화를 위하여 경제에 관한 규제와 조정을 할 수 있다.

오늘날 공동체는 사적 부문에 속하지만 기업과 달리 구성원들 의 협동에 의한 공생을 추구하는 생활-경제의 단위로서 그 중요성 이 크게 강조되고 있다. 이 때문에 공동체는 사적 부문에 속하는 것 이지만 공적 부문과 비슷하게 공익을 추구하는 주체로 여겨지고 있 기도 하다. 일리노어 오스트롬이 공동체에 관한 연구로 2009년 노 벨 경제학상을 받은 것도 이 때문이다. 이런 시대의 변화와 요청에 비추어 '경제의 민주화'는 재벌의 문제에 적극 대응하고 중소기업과 노동자를 보호할 뿐만 아니라 공동체를 보호하고 지원하는 것으로 개정될 필요가 있다.

* 국토의 이용과 보전

제122조 ①국가는 국민 모두의 생산 및 생활의 기반이 되는 국토의 효율적이고 균형있는 이용·개발과 보전을 위하여 법률이 정하는 바에 의하여 그에 관한 필요한 제한과 의무를 과할 수 있다. ②국가는 국토-영해-영공을 자연 상태로 유지하고 생태적 지속성을 보호하기 위해 최선을 다해야 한다.

국토-영해-영공은 현세대의 욕구를 충족하고 버려지는 것이 아니라 후세대의 욕구를 충족할 수 있도록 계속 보전되어야 한다. 유엔이 제시한 '지속가능한 발전'의 핵심은 바로 이것이다. 이런 점에서 국토의 이용과 보전에 관한 헌법 제122조는 생태적 지속성을 명확히 규정하는 내용으로 개정되어야 한다.

* 마을과 공동자원

제123조 ①국가는 농업 및 어업을 보호·육성하기 위하여 농·어촌종합개발과 그 지원 등 필요한 계획을 수립·시행하여야 한다. ②국가는 지역간의 균형있는 발전을 위하여 지역경제를 육성할 의무를 진다.
③국가는 중소기업을 보호·육성하여야 한다.
④국가는 농수산물의 수급균형과 유통구조의 개선에 노력하여 가격안정을 도모함으로써 농·어민의 이익을 보호한다.
⑤국가는 농·어민과 중소기업의 자조조직을 육성하여야 하며,

그 자율적 활동과 발전을 보장한다.

⑥국가는 자연과 마을의 유지를 위해 마을이 공동자원을 자치적
으로 이용-관리할 수 있도록 지원해야 한다.

농어촌의 보호는 자연의 보호에서 중요한 역할을 한다. 일리노어
오스트롬의 연구에서 보자면 농어촌의 보호는 자연의 보호를 위한
핵심이다. 그런데 농어촌의 보호는 마을을 중심으로 한 자치적 방식
과 국가를 중심으로 한 행정적 방식으로 나눌 수 있다. 기존의 방식
은 행정적 방식에 초점을 맞춘 것으로 실효성에서 큰 문제가 있다.
또한 마을은 농어촌을 넘어서 도시에서도 대단히 중요하다. 이런 점
에서 지역 정책은 경제적 차원을 넘어서 자연의 보호를 한 축으로
추구해야 하고, 도시와 농어촌을 떠나서 마을에 의한 자치적 방식을
추구할 필요가 있다.

Ⅲ. 법률의 개정에 관한 제안

* 제정해야 할 법률

(여기서는 우리 연구와 관련해서 긴급히 제정되어야 할 법률만을 일
단 제시한다.)

- '마을 공동자원(공동재산)의 복귀 기본법' 제정: 마을 산을
  중심으로 한 마을 공동자원은 일본 제국주의의 식민 지배와
  박정희 개발독재를 통해 대대적으로 국유화되거나 사유화되

어 버렸다. 이른바 전통적 공동체의 해체는 결코 자연스러운 과정이 아니라 국가 권력의 강력한 개입을 통한 마을 공동자원의 해체를 기본으로 해서 폭력적으로 진행되었던 인위적인 과정이었다. 이렇게 반민주적인 정권에 의해 강력히 약탈된 마을 공동자원의 복귀를 통해 마을의 재건을 이룰 수 있다. 아무 것도 없는 곳에 사람들이 모여서 살기를 바라는 것은 나무 위에서 물고기를 찾는 것과 같은 짓이다. 마을 공동자원은 '총유제'나 '합유제'를 통해 마을의 일부 구성원들이 자의적으로 처리하지 못하도록 해야 한다.

- '마을 공동자원(공동재산) 조사법' 제정: 마을 공동자원의 복귀 기본법을 제정하기 위해서는 우선 마을 공동자원을 철저히 조사해야 한다. 어떤 공동자원을 어떻게 약탈당했는가를 철저히 조사하고, 현재 남아 있는 공동자원의 어떤 것들이 있는가를 철저히 조사해야 한다. 경남 창녕군을 중심으로 일부 지자체들에서 마을 공동자원 관리 서비스를 제공해서 큰 호응을 얻고 있는데 마을 공동자원 조사법을 제정해서 이런 행정 노력을 더욱 더 확대해야 한다. 이를 통해 마을을 실질적으로 지킬 수 있는 기반을 다질 수 있게 될 것이다. 마을의 재생과 강화는 그냥 말로만 이루어지는 것이 아니라 그 물적 기반을 확보해야 비로소 실현될 수 있다.

*** 개정해야 할 법률**

(여기에 제시한 법률들은 대체로 이미 지역 주민들과 시민운동가들

에 의해 위헌 소송이 제기되었거나 전면 개정이 요구된 것들이다.)

'공적 수용제'의 개정: 이 제도는 '강제 수용제' 또는 '공용 수용제'로도 불린다. 일제의 식민 지배와 개발독재에서 비롯된 대표적인 악성 개발 제도이다. 공익을 위해 사유재산제를 규제하는 제도로 만들어졌으나 실은 부자나 기업을 위해, 심지어 정부나 공기업의 '공익 참칭 사익'을 위한 수단으로 악용되고 있다. 새만금 개발, '4대강 죽이기', 제주 강정 해군기지 등이 모두 이 제도를 기반으로 강행되었으며, 심지어 골프장 개발을 위한 제도로까지 악용되고 있다. 수자원공사, 도로공사, 주토공사LH 등의 개발공사들이 모두 전면적인 축소 통폐합 대상인 것처럼 '공적 수용제'도 전면적인 축소개혁 대상이다.

"우리나라의 공공 주도 경제개발정책은 사유재산(토지, 건물 등)에 대한 대규모 공용수용을 수반하였다. 1976년 이후 2011년까지 중앙정부가 매입한 공공용지 면적은 총 5,384km^2이며, 중앙정부가 지출한 금액은 약 321조 원(2005년 물가 기준)으로 서울시 면적의 약 9배, 제주도 면적의 약 3배를 수용한 것으로 나타났다. 또한, 중앙정부 이외에도 지방자치단체나 공공기관, 수용권을 부여받은 민간사업자 등에 의해서도 상당한 규모의 수용이 이루어졌다는 점을 감안하면 위 수치보다 훨씬 더 많은 면적이 수용되었고 그에 따르는 예산 지출이 이루어졌다는 것을 알 수 있다. 압축적 고도성장을 위해서는 대규모 공공토지가 적기에 공급되는 것이 필요하였고, 이를 위해 공용수용제도는 지속적으로 사업시행자 중심으로 절차가 간소화되어 왔다. 특히, 강제적 수용권을 부여할 수 있는 사업대상의 범위가 지속적으로 확대되었고, '공

익사업을 위한 토지 등의 취득 및 보상에 관한 법률’(이하 토지보
상법)에서 정한 강제수용 기준과 절차를 생략할 수 있는 개별 법
률들이 난립하여 현재는 정확히 100개에 이르고 있다”(이호준,
2015: 65).

- 공유수면 관리 및 매립에 관한 법률(‘공유수면법’)의 개정:
  공유수면은 중요한 공적 자원이자 공동자원이다. 그런데 ‘공
  유수면법’에 의해 공유수면의 약탈이 대대적으로 행해져서
  많은 공동체들이 해체되고 공유수면이 파괴되고 있다.

- 댐 건설 및 주변지역 지원 등에 관한 법률(‘댐 건설법’ 또는
  ‘댐 법’) 개정: 과도한 댐 건설로 우리의 국토는 심하게 파괴
  되었고 수많은 공동체들이 영구히 사라졌다. ‘댐 건설법’은
  그 지원을 위한 법으로 큰 문제를 안고 있다. 개발의 댓가로
  보상을 제공하는 것은 ‘매수’의 성격을 갖기 쉽다. 이런 문제
  는 이명박-박근혜 비리 정권의 ‘4대강 죽이기’에서도 여실히
  드러났다.

- 발전소 주변지역 지원에 관한 법률(‘발전소 주변지역법’ 또
  는 ‘빌주법’) 개정: 수력발전은 ‘댐 건설법’에서 다루고, 이 법
  은 화력과 원자력을 적극 실행하기 위해 제정된 법이다. 그런
  데 화력과 원자력을 이용한 발전은 심각한 문제를 안고 있다.

- 송·변전시설 주변지역 지원에 관한 법률(‘송변전 주변지역

법' 또는 '송주법') 개정: 송전선과 송전탑에 의한 피해를 제대로 파악하고 대처하지 못하게 하고 있는 법으로서 전면 개정되어야 한다.

- 전기사업법 개정: 발전, 송전, 배전으로 이루어지는 전기사업을 위해 지역의 파괴와 주민의 피해를 제대로 돌보지 않는 법으로서 전면 개정되어야 한다.

- 전원개발촉진법의 개정: 박정희 유신독재의 말기에 급조된 '전원개발특례법'을 모태로 하고 있는 악법이다. 이 법은 '전원'(電源), 즉 전력의 원천을 위해 지역의 파괴와 주민의 피해를 당연시하기 때문이다.

"70년대 개발이 우선시되던 시절, 각종 산업의 근간이 되는 전력의 원활한 공급을 위한 것이었지만, 법령이 포함하고 있는 '무소불위 권력'과 운영 방식 때문에 지탄을 받아왔던 게 사실이다. 최근 문제가 되고 있는 석탄 화력발전소들이 지역민 등의 반대에도 아랑곳하지 않고 추진될 수 있는 이유가 전원개발촉진법 때문이다.
실제 전원개발촉진법 제6조에 따르면 이 법은 ▲국토의 계획 및 이용에 관한 법률 ▲도로법 ▲사도법 ▲하천법 ▲공유수면 관리 및 매립에 관한 법률 ▲수도법 ▲자연공원법 ▲농지법 ▲산지관리법 ▲사방사업법 ▲군사기지 및 군사시설 보호법 ▲초지법 ▲항만법 ▲장사 등에 관한 법률 ▲광업법 등을 모두 망라해 조율할 수 있다.

사업자가 실시계획 승인을 받았을 경우, 위에서 언급된 모든 법
률과 관련해 허가와 인가, 면허, 결정, 지정, 승인, 해제, 협의 또
는 처분 등을 받은 것으로 본다고 규정하고 있는 것.
뿐만 아니라 이 법은 전원개발사업자의 경우 필요한 토지 등을
수용하거나 사용할 수 있고, 타인의 토지 출입과 나무, 흙, 돌이
나 그 밖의 장애물을 변경하거나 제거할 수도 있다.
전원개발을 위해서는 사실상 모든 것이 허용되는 '무소불위'의
법령인 셈으로, 그 동안 각종 사업 과정에서 주민들의 반대 의견
을 외면하는 방법으로 활용되는 경우가 잦아지면서 '독재의 유
물'이라는 평가도 받고 있다"("'무소불위' 위력 전원개발촉진법…
폐지 여론', 〈노컷뉴스〉 2016.8.1).

- 원자력 진흥법, 원자력 안전법 등의 개정: 원자력 관련 법들
  은 원자력을 안전하고, 청결하고, 경제적이라는 '3대 신화',
  정확히 말해서 '3대 사기'에 기초하고 있다. 체르노빌에 이어
  후쿠시마가 처절히 보여줬듯이 원자력은 전혀 안전하지 않
  고, 청결하지 않고, 경제적이지 않다. 원자력은 인간이 만든
  가장 강력하고 거대한 재앙의 원천이기 십상이다. 원자력 발
  전은 그 핵심 사례이다. 원자력 관련 법들은 원자력의 실체
  를 정확히 제시하는 쪽으로 전면 개정되지 않으면 안 된다.

- 새만금 사업 촉진을 위한 특별법('새만금 특별법')의 개정:
  새만금은 금강의 남쪽으로 만경강과 동진강이 만든 거대한
  갯벌을 가리킨다. 이곳을 매립해서 육지화해서 활용한다는

계획은 1987년 11월에 노태우 정권의 대통령 선거 전술로 공표되었다. 이 사업은 '친환경'을 내세우고 있지만 실제로는 전북의 갯벌을 대대적으로 파괴하는 잘못된 토건사업으로서 전면적인 조정이 필요하다. 무엇보다 죽어가는 새만금을 살리기 위해 방조제의 해수 유통을 상시화해야 한다.

- 친수구역 활용에 관한 특별법('친수구역법')의 개정: 이명박-한나라 비리 정권의 '4대강 죽이기 사업'은 국가재정법의 예비타당성 조항을 그 시행령에 '재난예방 사업은 예외로 한다'는 조항을 추가하는 방식으로 무력화해서 강행되었다. '4대강 죽이기 사업'을 홍수와 같은 재난에 대비하기 위한 사업으로 제시하고 대통령이 정하는 시행령을 고쳐서 국회에서 정하는 법을 무력화했던 것이다. 이 문제는 2014년에 국회에서 상당히 시정되었으나 '4대강 죽이기 사업'을 경제적으로 강화하기 위해 제정된 '친수구역법'은 여전히 남아 있다. 강변의 무차별 난개발을 허용하는 이 법은 하루빨리 전면적으로 폐기되어야 한다.

- 한전, 수자원공사, LH공사, 도로공사, 농촌공사 등 '개발공사'들의 전면적인 개혁: 박정희-전두환 개발독재에 연원을 두고 있는 이 거대 '개발공사'들의 전면적인 축소통폐합과 올바른 민주적 운영이 확립되어야 한다. 이 거대 '개발공사'들은 끝없이 낭비와 파괴의 개발을 추구하는 주체이기 때문에 생태복지국가를 이룩하기 위해서는 이 주체들을 혁파-개

  공동자원론, 생태헌법을 제안한다

혁하는 것에 집중해야 한다.

- 정부 재정과 조직의 전환: 낭비와 파괴의 토건국가를 생태복지국가로 전환하는 것은 토건국가형 정부 재정과 조직을 생태복지국가형 정부 재정과 조직으로 바꾸는 것을 뜻한다. 토건국가를 그대로 두고 복지국가를 이루는 것은 불가능하다. 낭비와 파괴의 토건국가를 복지국가로 만드는 것은 자연을 존중하고 국민의 풍요를 추구하는 생태복지국가를 만드는 것이다.

참고문헌

고문현. 2005.『환경헌법』, 울산대학교 출판부.

고문현 외. 2010.『저탄소 녹색성장을 위한 헌법 규범화 방안 및 입법 방안 연구』, 한국환경법학회.

고문현·안태용. 2015.「환경보호조항의 헌법적 수용」,『법학논총』34호. 숭실대 법학연구소.

국토연구원. 2014.『한국의 수용 및 보상 제도』.

국토해양부. 2010.『토지정책 패러다임 재정립 방안 연구』.

김춘환. 2005.「환경법제의 쟁점과 전망」,『법제연구』35호, 한국법제연구원.

윤석진. 2015.『원자력발전소 안전규제의 비교법적 연구』, 한국법제연구원.

윤성순 외. 2012.『공유수면 매립에서의 공유제 가치 보존 방안 연구』, 한국해양수산개발원.

이상윤. 2011.『원자력 관련 법령체계 개편에 관한 연구』, 한국법제연구원.

이세주. 2016.「헌법상 환경국가원리에 대한 고찰」,『世界憲法硏究』22권 2호, 세계헌법학회.

이순태. 2015.『자연자원의 관리와 이용에 관한 법제 연구』, 한국법제연구원.

이준서. 2008.「자연환경의 개념과 그 한계에 대한 환경법적 고찰」,『환경법연구』31권 3호.

이호준 외. 2014.「개발우선주의의 패러다임을 넘어: 공용수용제도의 문제점과 개선방안」,『KDI정책포럼』259호.

최윤철. 2005.「우리 헌법에서의 환경권 조항의 의미」,『환경법연구』27권 2호, 한국환경법학회.

홍성태. 2007.『개발주의를 비판한다』, 당대.

홍성태. 2011.『토건국가를 개혁하라』, 한울.

홍성태. 2017.『사고사회 한국』, 진인진.